# O despertar do movimento na bola

Editora Appris Ltda.
1.ª Edição - Copyright© 2019 dos autores
Direitos de Edição Reservados à Editora Appris Ltda.
Nenhuma parte desta obra poderá ser utilizada indevidamente, sem estar de acordo com a Lei nº
9.610/98. Se incorreções forem encontradas, serão de exclusiva responsabilidade de seus organizadores. Foi realizado o Depósito Legal na Fundação Biblioteca Nacional, de acordo com as Leis nos
10.994, de 14/12/2004, e 12.192, de 14/01/2010.

Catalogação na Fonte
Elaborado por: Josefina A. S. Guedes
Bibliotecária CRB 9/870

| | |
|---|---|
| M528d<br>2019 | Melo, Sammir Vieira<br>    O despertar do movimento na bola / Sammir Vieira Melo.<br>1. ed. - Curitiba: Appris, 2019.<br>    351 p. ; 23 cm<br><br>Inclui bibliografias<br>ISBN 978-85-473-3019-4<br><br>    1. Bola para exercícios. 2. Exercícios físicos. 3. Reabilitação. 4. Fisioterapia.<br>I. Título.<br><br>                                              CDD – 613.71 |

Livro de acordo com a normalização técnica da ABNT

*Appris*
*editora*

Editora e Livraria Appris Ltda.
Av. Manoel Ribas, 2265 – Mercês
Curitiba/PR – CEP: 80810-002
Tel. (41) 3156 - 4731
www.editoraappris.com.br

Printed in Brazil
Impresso no Brasil

Sammir Vieira Melo

# O despertar do movimento na bola

**ARTE**
Yoga, Dança & Capoeira

**TREINAMENTO**
Funcional

**REABILITAÇÃO**
Terapia do movimento

SAMIBALL®
e suas ramificações

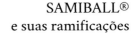

**FICHA TÉCNICA**

EDITORIAL
Augusto V. de A. Coelho
Marli Caetano
Sara C. de Andrade Coelho

COMITÊ EDITORIAL
Andréa Barbosa Gouveia (UFPR)
Jacques de Lima Ferreira (UP)
Marilda Aparecida Behrens (PUCPR)
Ana El Achkar (UNIVERSO/RJ)
Conrado Moreira Mendes (PUC-MG)
Eliete Correia dos Santos (UEPB)
Fabiano Santos (UERJ/IESP)
Francinete Fernandes de Sousa (UEPB)
Francisco Carlos Duarte (PUCPR)
Francisco de Assis (Fiam-Faam, SP, Brasil)
Juliana Reichert Assunção Tonelli (UEL)
Maria Aparecida Barbosa (USP)
Maria Helena Zamora (PUC-Rio)
Maria Margarida de Andrade (Umack)
Roque Ismael da Costa Güllich (UFFS)
Toni Reis (UFPR)
Valdomiro de Oliveira (UFPR)
Valério Brusamolin (IFPR)

ASSESSORIA EDITORIAL
Natalia Lotz Mendes

REVISÃO
Camila Moreira dos Santos

PRODUÇÃO EDITORIAL
Bruno Ferreira Nascimento
Fernando Nishijima
Giuliano Ferraz
Jhonny Alves
Lucas Andrade
Luana Reichelt
Suzana vd Tempel

DIAGRAMAÇÃO
Bruno Ferreira Nascimento
Karen Tortato

CAPA
Canijan Oliveira

ILUSTRAÇÕES
Ilustrador dos desenhos e raio-X: Sammir
Vieira Melo
Fotografias da natureza: Sammir Viera Melo
Fotografias das apresentações e posturas na
bola: Ramon Ribeiro
Fotografias de apresentações: Julia Duarte
(capítulo 3)
Figura: (14a) Fonte: Dharmabindu.com

COMUNICAÇÃO
Carlos Eduardo Pereira
Débora Nazário
Karla Pipolo Olegário

LIVRARIAS E EVENTOS
Estevão Misael

GERÊNCIA DE FINANÇAS
Selma Maria Fernandes do Valle

# COLABORADORES

**Eduardo Seixas Prado,**
Organizador do livro.

Educação Física (UFS (2008); mestre em Ciência da Motricidade Humana (UCB); doutor em Genética e Bioquímica pela Universidade Federal de Uberlândia (UFU); professor associado no curso de Educação Física do Instituto de Educação Física e Esportes (Iefe) da Ufal.

**Rodrigo Lacerda Alves,**
Colaborador no texto sobre o yoga

Educação Física (Ufsc), pós-graduado em Atividade e Saúde pela Universidade Tiradentes (Unit). Atua como personal trainer e com prescrição de atividade física relacionada a saúde e de alto rendimento (triathlon).

**Rosemeire Dantas de Almeida,**
Colaboradora no texto dos músculos e no prefácio.

Fisioterapeuta – Universidade Tiradentes/ Unit 2000 – Aracaju-SE; mestrado em Fisioterapia pelo Centro Universitário do Triângulo Mineiro – Uberlândia-MG, 2005. Doutora em Genética e Bioquímica pela Universidade Federal de Uberlândia (UFU) – Uberlândia-MG, 2010. Professora da Universidade Federal de Sergipe.

*Dedico esta obra à Tia Ruth e à minha vó Terezinha, à minha família,
em especial, a Wilson Melo, à Jeane Vieira Melo, a Brenno Vieira
Melo, à Gabriela Puggi e a você, leitor.*

# AGRADECIMENTOS

A Deus, por me guiar internamente, dando-me persistência e perseverança, para nunca desanimar mas acreditar sempre.

Ao meu irmão, Brenno Vieira Melo, e aos meus pais, Wilson e Jeane Melo, por me apresentarem, em 2004, de forma inocente, a bola suíça. A todos os meus professores da universidade, em especial à Rosemeire Dantas de Almeida e ao Eduardo Seixas, por transmitir seus conhecimentos dentro e fora das salas de aulas com atenção e humildade.

À Gabriela, por entrar em minha vida no momento inicial do trabalho, contribuindo, assim, para a concretização das minhas ideias e pela paciência que teve durante as minhas ausências em alguns momentos das nossas vidas. Aos meus amigos, em especial Renan Tavares, pelas primeiras conversas sobre respiração. Augustinho, por me ensinar com a sua curiosidade e com o seu aprendizado. Ao fotógrafo Ramon Ribeiro, pela sua imensa dedicação nesta obra. Aos fisioterapeutas Lícia Dultra pelas primeiras leituras desta obra e Yuri Ramos por me ajudar no início do trabalho. Aos meus amigos e pacientes de dentro e fora da Avosos, por confiarem neste estudo como um instrumento de reabilitação, treinamento e arte.

*Quando um ser humano cria uma obra de arte, em última análise, exprime seu pensamento, seu sentimento, seu élan criador, sua inspiração, todo o seu eu, na matéria plasmável. Uma obra de arte vale pelas qualidades do espírito que se exprimiu e também pela fidelidade com que a técnica possibilita tal expressão. Ao criar artisticamente, o homem assemelha-se ao Criador, e então experimenta infinitude, perfeição e intensa emoção. Para que uma pessoa se torne artista, são necessárias três qualidades. A pessoa precisa ter aptidão, ou seja, habilidade necessária para dominar aquela arte. Deve ter um amor imenso por sua arte para poder trabalhar com esforço, determinação e concentração; além disso, deve ter imaginação e criatividade para desenvolver a arte por caminhos novos e desconhecidos.*

**Yesudian & Iyengar**

# APRESENTAÇÃO

A partir da minha curiosidade fui capaz de vivenciar diferentes experiências corporais e mentais com o uso da bola suíça, o que possibilitou um aumento da minha atenção e concentração sobre o corpo, decorrente de altas exigências coordenativas do meu aparelho sensório-motor, tornando-me mais perceptível. Com este experimento do corpo com a bola, fui capaz de sentir e entender os movimentos, gerando em mim diversos níveis de consciência no transcorrer dessas minhas vivências, alcançando o desenvolvimento pessoal e um autoconhecimento, fundamentados em minhas fontes de inspiração: yoga, dança e capoeira.

Esta obra é a materialização de um trabalho de imensa dedicação prática que foi idealizada ainda quando estudante. Surgiu na tentativa de compreender melhor a partir da auto-observação do corpo, o comportamento corporal sobre a bola suíça. No primeiro momento é relatada a história do método Samiball® acompanhada de ilustrações e fotografias de projetos que foram desenvolvidos no decorrer dos seus estudos e experimentos. Dentro da história do método Samiball® é apresentada uma breve revisão bibliográfica do instrumento base, a bola suíça, das fontes de inspirações como yoga, dança, e capoeira, assim como a importância da fisioterapia, a aplicação do método Samiball® na cinesioterapia, a influência dos esportes (surf e o kitesurf). Em seguida são mencionados os conceitos do método Samiball® contendo as posições primárias, os princípios básicos, etapas e ramifições. Dentro do método, o autor insere um breve catálogo de anatomia (desenhado pelo próprio autor), menciona a biomecânica e cinesioligia de forma isolada e aplicada aos movimentos com a bola suíça para facilitar o entendimento do leitor.

O livro oferece uma gama de exercícios convencionais (já existente na literatura) e exclusivos do método Samiball®, fundamentada na cinesiologia e biomecânica. O intuito dessa diversidade de movimentos foi demonstrar ao leitor o quanto podemos nos exercitar de maneiras diferentes utilizando a bola suíça. Para isso o profissional tem que vivenciar bem os exercícios para sentir os seus efeitos, ser capacitado e ter plena consciência no momento de transmissão, pois assim como os esportes, certos exercícios podem ser contraindicado e até lesivos para determinadas pessoas.

Acredito que este livro sirva como instrumento de estudo e prática para diversas áreas do movimento corporal e adicione novos conhecimentos para os leitores, sejam profissionais, atletas, artistas ou simpatizantes de uma vida mais ativa. Seja por meio do uso para a reabilitação, exercício físico, treinamento desportivo, esportes e a arte. Porém é bom deixar claro que neste livro existem movimentos com um alto nível de complexidade, sendo alguns não orientados e/ou contraindicados para pessoas que não tenham compatibilidade (fisica/mental) para realizá-los. Entretanto há um diferencial nesta obra: alguns movimentos são **inéditos** e foram inspirados no yoga, na capoeira, no surf e no kitesurf e adaptados para a bola suíça basedo no método Samiball®.

*Sammir Vieira Melo*

*2018.*

# PREFÁCIO

*É assim que o vejo... Sammir é uma alma livre.*

Uma grande honra ser escolhida para prefaciar esta obra. Como docente, vi e vivi momentos com Sammir (ainda discente na época), em que ideias borbulhavam em sua mente livre e curiosa.

Você tem em suas mãos uma excelente oportunidade para crescer. Pois o conhecimento leva-nos a lugares extraordinários. Agora você, leitor, ganha uma grande e honrosa obra que traz algo inovador e de muita qualidade. Uma literatura completa que engloba a arte com abordagens da yoga, dança e capoeira e o treinamento funcional com abordagem do surf e kitesurf e a terapia pelo movimento com a reabilitação.

A bola suíça é um instrumento formidável para diversos fins e aqui podemos observar que ela pode ser arte, esporte, movimento e cura de muitas patologias. Aqui, você aprenderá a usar a bola na prática para diversas áreas do movimento corporal com diferentes níveis de dificuldade. Nesta obra você mergulhará em um mundo inédito onde, com a bola, é possível alçar "voos extraordinários" a partir de movimentos que te fazem mergulhar em um leque de exercícios em diversas esferas da arte e da reabilitação.

Aqui, você tirará ensinamentos que contribuam para a sua vida acadêmica, profissional e pessoal.

*A sabedoria é a árvore que dá vida a quem abraça; quem a ela se apega será abençoado.* Provérbios 3:18

**Rosemeire Dantas de Almeida**

*Fisioterapeuta - professora da Universidade Federal de Sergipe*

# SUMÁRIO

**1 - HISTÓRIA DO SAMIBALL - 23**

    1.1 - Início - 24

    1.2 - A Bola Suíça - 24

**2 - MÉTODO SAMIBALL:**
**O YOGA COMO A 1ª FONTE DE INSPIRAÇÃO - 29**

    2.1 - O Yoga - 33

        Pránáyámas - 34

        Ásanas - 35

        Súrya Namaskára - 37

        Yoganidrá - 38

        Meditação - 38

**3 - MÉTODO SAMIBALL:**
**A DANÇA COMO A 2ª FONTE DE INSPIRAÇÃO - 41**

    3.1 A Dança - 44

**4 - MÉTODO SAMIBALL:**
**A CAPOEIRA COMO A 3ª FONTE DE INSPIRAÇÃO - 49**

    4.1 A Capoeira - 52

# 5 - MÉTODO SAMIBALL: A INFLUÊNCIA DA FISIOTERAPIA - 55

5.1 Cinesiologia - 57

    Planos de Movimento - 58

    Planos e Eixos - 59

    Centro de Gravidade - 60

    Equilíbrio - 60

    Base de Apoio - 61

5.2 Artrologia - 62

    Tipos - 64

    Coluna Vertebral - 68

    Movimentos das articulações sinoviais - 71

    Análise articular dos movimentos do Método Samiball - 77

5.3 Músculos - 84

    Papel dos músculos - 88

    Tipos de Fibras - 91

    Nomenclatura dos músculos esqueléticos -91

    Características funcionais do músculo - 92

5.4 Cinesioterapia - 92

# 6 - MÉTODO SAMIBALL:
# APLICAÇÃO NA CINESIOTERAPIA - 95

    Artigos Científicos - 98

# 7 - MÉTODO SAMIBALL:
# A INFLUÊNCIA DOS ESPORTES COM PRANCHA - 101

# 8 - MÉTODO SAMIBALL:
# CONCEITOS E MATURAÇÃO - 107

Posições primárias - 107

8.1 Objetivos do método - 109

8.2 Ramificações do método - 109

8.3 Princípios Básico - 111

8.4 Etapas - 111

## 9 - MÉTODO SAMIBALL: UMA REFLEXÃO SOBRE A CRIAÇÃO DO MÉTODO - 117

## 10 - EXERCÍCIOS NA BOLA - 121

Introdução - 121

Educativos na posição sentado - 124

Pontos básicos - 125

Exercícios de equilíbrio - 126

Pula-Pula na Bola (Convencional) - 128

Anteversão e retroversão pélvica - 130

Inclinação lateral pélvica - 133

Circundução pélvica - 135

Deslocamento Lateral dos Glúteos com Rotação do Tronco Bodyspheres - 137

Saltando lateralmente - 139

Deslizamento lateral do glúteo com a mão no solo - 141

Deslizamento lateral do glúteo com rotação do tronco - 143

Gingar com a Posteriorização do Pé - 145

Gingar Latero-Lateral - 148

Rotacional - 151

Equilíbrio com os ísquios - 153

Leve flexão e extensão com quadris e joelhos fletidos - 155

Leve flexão e extensão (alternada) com quadris e joelhos fletidos - 157

Flexão e extensão (alternada) do quadris e joelhos estendidos - 159

Flexão e extensão do quadris com joelhos estendido - 161

Rotação do tronco inferior com joelhos fletidos - 163

Rotação de tronco inferior com joelhos estendidos - 165

Transferência de apoio dos pés para as mãos - 167

Bananeira - 169

Esquiva anterior - 171

Esquiva posterior - 173

Bênção - 175

Martelo - 177

Rasteira - 179

Meia lua (de dentro pra fora com a mão na bola) - 181

Meia- lua (de dentro para fora com a mão no solo) - 183

Flecha - 185

Compasso - 187

Aú - Parada de mão - 189

Aú - Parada de mão completo - 191

## Educativos na posição de costas - 192

Alongando o abdome - 193

Alongamento completo - 195

Balanço rotacional do tronco - 197

Balanço rotacional do tronco com os MMSS aduzidos horizontalmente - 199

Balanço rotacional com flexão do tronco - 201

Alongamento na diagonal - 203

Ponte - 205

Depressão e Elevação escapular - 207

Balão - 209

## Educativos na posição de Peito - 210

Pontos básicos - 211

Prancha apoiada - 212

Hiperextensão do tronco superior apoiando na bola - 214

Prancha com apoio do antebraço na bola - 216

Extensão do tronco superior com as mãos atrás da cabeça - 218

Retirada alternada dos membros - 220

Cachorro olhando para baixo - 222

Balanço alternado - 224

Transferência de peito para prancha - 226

Rotação parcial do tronco - 228

Rotação total do tronco com a retirada de um membro superior do solo - 230

Abdominal sentado sobre os calcanhares - 232

Hiperextensão do tronco inferior - 234

Flexão lateral - 236

Pavão - 238

## Educativos na posição de joelho - 240

Pontos básicos - 241

Pula-pula - 243

Circundução - 245

Caracol (A) leve extensão e flexão do quadril - 247

Caracol (B) com flexão e extensão total do quadril e joelho - 249

Protração e retração escapular - 251

Abdominal com antebraço no solo - 253

Prancha com movimentação do membro inferior - 255

Equilíbrio unipodal com rotação do tronco - 257

Rotação parcial e completa de tronco inferior - 259

Rotação do tronco com abdução do membro inferior - 261

Êkapada Kákasána-Arabesque - 263

Rotação do tronco com flexão do cotovelo e MI estendido - 265

Prancha com rotação de tronco inferior e os MMII estendidos - 267

(Rája Kakásana) flexão e extensão do ombro - 269

Prancha com flexão lateral do tronco inferior (coluna lombar) - 271

Prancha com flexão e extensão do cotovelo - 273

Prancha com flexão e extensão de ombro - 275

(Vrishkásana) flexão e extensão de quadril - 277

Prancha com elevação de quadril - 279

Prancha com elevação de quadril e ombro fletido a 180° - 281

Escorpião (abdução horizontal para flexão do ombro) - 283

Desenvolvimento (flexão e extensão de cotovelo com o quadril elevado) - 285

Joelho na bola - 287

Apoio unipodal com joelho - 289

Agachamento sobre a bola - 291

Posição ortostática sobre a bola - 293

Pêndulo - 295

Educativos na Parede - 297

Fixando a planta do pé - 298

Flexão-extensão do quadril e joelho - 300

Rotacional - 302

Flexão de quadril e coluna - 304

Abdominal com rotação da coluna - 305

Decúbito dorsal na bola com o pé na parede - 306

Decúbito dorsal com flexão de quadril e coluna - 308

Elevação dos pés com apoio das mãos -310

Aranha de cabeça para baixo - 312

(Sarvángasana) elevação da perna com abdução do quadril - 314

Vela - 316

Educativos com prancha - 318

Alongamento com a mão na borda - 319

Simulação de Layback - 321

Simulação de Grabrail - 323

Troca de direção - 325

Salto básico - 327

Jump básico segurando a extremidade da prancha - 329

Jump segurando na borda - 331

Variações de como segurar na borda - 333

Aproximação e afastamento da prancha - 333

Abdominal flexo-extensão de joelho Kite/Surf - 336

Deslocamento lateral - 338

Simulação de aéreo com mão na borda - 340

## 11 - REFERÊNCIAS BIBLIOGRÁFICAS - 343

# CAPÍTULO 1

# A HISTÓRIA DO SAMIBALL

O Samiball caracteriza-se por uma técnica e expressão corporal e mental que faz uso de exercícios corporais. Essa técnica diferencia-se por ter um novo modelo de utilização da bola suíça (instrumento base) como objeto complementar do corpo. Apesar de fazer o uso de alguns exercícios na bola que já existem na literatura, os demais exercícios foram inspirados e adaptados inicialmente do *yoga,* da *capoeira* e da *dança* (fontes de inspiração do método) e posteriormente dos esportes (como surf e o kite) e pode ser utilizado no campo da reabilitação, prevenção, treinamento e da arte.

A construção do método proposto ocorreu durante minha formação profissional na área de Fisioterapia. Assim, neste capítulo introdutório, abordarei a história da construção e evolução do método proposto. Além disso, por serem considerados a base do método, também serão feitas revisões dos fundamentos da bola suíça, como instrumento base e das fontes iniciais de inspiração do método: yoga, dança e capoeira, a influência da fisioterapia e dos esportes com prancha. É possível que à medida que você avançar na leitura do livro, perceberá a utilidade de retomar este capítulo de tempos em tempos para refrescar a sua memória sobre esse material básico.

## 1.1. O INÍCIO

### Meu contato com o instrumento base

Tudo iniciou no final de 2004, ainda quando estudante de Educação física, quando recebi de presente do meu pai, uma bola suíça amarela de tamanho 75 cm. Quando me apresentou a bola fui direto inflá-la. Nos primeiros dias, a olhei e não despertou em mim nenhum interesse em chegar perto dela, mas a partir de alguns dias, fui ter o meu primeiro contato com a bola (Fig. 1).

Fig. 001

Nesta época, tanto o despertar com estudos acadêmicos, com as práticas de yoga e o uso frequente da bola suíça, que recebi de presente, floresceu em mim, de forma empírica, a curiosidade de experimentar alguns movimentos com a bola. Esses experimentos foram evoluindo e assim a bola se transformou no instrumento base do método. E para que possamos entender a importância da bola para o método, apresentaremos uma breve revisão desse instrumento.

## 1.2 A BOLA SUÍÇA

Fig. 002

A bola teve o seu uso iniciado no final dos anos 50 e início dos anos 60, para fins terapêuticos e preventivos, quando um pediatra suíço Elberth Köng e a *fisioterapeuta* Mary Quinton utilizaram bolas grandes em crianças para tratamento de reeducação neuromuscular por meio do método Bobath. Porém, a bola "suíça", própria para exercícios terapêuticos, só foi criada a pedido da fisioterapeuta Susanne Klein-Vogelbach por volta de 1963 que foi fabricada na Itália por Aquilino Cosanie, um fabricante de brinquedos (MARTINS, 2007).

Após concluir seu curso no Método Bobath na Suíça, a experiente fisioterapeuta Joanne Posner-Mayer trabalhou em conjunto com especialistas treinados por Susanne e Maria e levou seu trabalho aos EUA. Todavia, a bola que foi utilizada pelos terapeutas da América do Norte e que viram ser usadas primeiramente na Suíça no início dos anos 60, recebeu o nome de "bola suíça" (CRAIG, 2005; MARTINS, 2007).

O casal Bobath, em meados dos anos 60, utilizou-a como método de reabilitação. Beate Carrière após ter sido apresentado à bola pelo casal, entre 1967 a 1984, começou a utilizá-la em crianças para facilitar os movimentos. Em seguida passou a usar com pacientes adultos para tratar disfunções ortopédicas e neurológicas com o objetivo de treinar algumas funções perdidas; equilíbrio, tônus musculares e coordenação visual-espacial (CARRIÈRE, 1999).

Os pacientes com problemas ortopédicos e neurológicos apresentavam algumas disfunções como atrofia muscular, problemas de propriocepção, equilíbrio, coordenação, postura, diminuição de tônus, redução e limitações da amplitude de movimento (CARRIÉRE, 1999). Esses comprometimentos e limitações funcionais são diagnosticados e submetidos a tratamento fisioterapêutico, visando melhorar a função e prevenir a incapacidade e por isso a bola pode ser usada como uma ferramenta de reabilitação e treinamento.

Essas bolas podem ser utilizadas como recurso terapêutico dentro do programa de tratamento, proporcionando diversão para indivíduos de todas as idades, além de melhorar o alinhamento, flexibilidade, tônus, força, coordenação, equilíbrio e estimulação dos proprioceptores (AMANAJÁS, 2003).

Nas esferas esportivas, a bola suíça foi utilizada desde os anos 60, principalmente na Alemanha e na Suíça, visando desenvolver flexibilidade, força, fortalecimento, equilíbrio e coordenação. Os outros benefícios são aumento da ativação muscular, cocontração e estabilidade dinâmica (GARCIA, 2000 *apud* LOPES, 2006).

Em 1980 nos EUA, Paul Check, técnico desportivo, tornou-se um dos pioneiros na utilização da bola suíça como instrumento de desempenho ao trabalhar a reabilitação e o condicionamento dos atletas de elite do Chicago Bulls (MARTINS, 2007).

São por esses motivos que até hoje a bola suíça é muito requisitada no meio da reabilitação, prevenção e treinamento, tornando-se ferramenta de utilização para métodos bem-conceituados, destacando o Pilates.

As academias de ginástica começaram a introduzir as bolas suíças nos exercícios de alongamento, condicionamento e força. Por ser um objeto relativamente novo, vem sendo muito explorada na área da saúde, surgindo novos desenhos de treinamento como o "treinamento funcional – T.F.".

Segundo Verderi (2008), o T.F. foi trazido para o Brasil em 2002 e se caracteriza como método de treinamento que faz uma integração entre diversas capacidades físicas do indivíduo (força, flexibilidade, equilíbrio, velocidade, resistência e coordenação).

Associado aos resultados alcançados com o uso da bola suíça, seus tamanhos variados, suas cores vivas, o aspecto macio, a agradável utilização e por ser um instrumento novo no campo da saúde, a literatura tem sido um dos grandes veículos para tornar a bola suíça cada vez mais popular, contribuindo assim para o seu crescimento funcional.

## Precauções

- Insegurança: caso não esteja seguro no exercício, não realize ou peça ajuda para seu orientador.

- Dor e desconforto: caso algum exercício provoque dor ou desconforto interrompa ou diminua a intensidade imediatamente.

- Crianças: evite deixar bolas sozinhas com crianças, para não gerar acidentes.

- Gestantes: procure um médico antes de iniciar os exercícios na bola e seja orientado por um profissional especializado para acompanhar o programa.

- Idoso: naturalmente o idoso tem déficit de equilíbrio, devido ao envelhecimento, apresentando assim mais limitações, por esse motivo tenha mais cuidado em ensinar e repassar os movimentos.

## Pressões

Quando a bola é bem inflada necessitará de maior equilíbrio corporal e terá maior facilidade de rolar com uma menor base de apoio (BA), menor a área da bola em contato com o solo. Em contrapartida, a bola menos inflada necessitará de menor equilíbrio e haverá mais dificuldade para rolar, porém a BA será maior e maior será a área de contado da bola com o solo (MARTINS, 2007).

## Tamanhos

Dependerá do tipo de atividade, objetivo a ser alcançado e tipo de paciente ou pessoa que irá utilizar. Tem uma grande relação entre peso, altura e o comprimento do indivíduo (MARTINS, 2007).

O ideal é que o indivíduo quando estiver na posição sentado sobre a bola, esteja com sua coluna ereta e os quadris e joelhos a 90°.

Existem vários tamanhos: 45 cm, 55 cm, 65 cm, 75 cm, 85 cm, 95 cm e 120 cm de diâmetro.

# CAPÍTULO 2

## MÉTODO SAMIBALL®: O YOGA COMO A 1.ª FONTE DE INSPIRAÇÃO

No meu próprio quarto, iniciei tentando ficar de joelhos sobre a bola (Fig. 3 – postura de joelhos). Após várias tentativas, logo percebi o quanto o equilíbrio na bola estava diretamente ligado a respiração e a respiração atrelada aos estados de equilíbrio mental para gerar a concentração na bola. Essa conclusão veio da minha consciência corporal adquirida por meio das minhas vivências com o yoga.

Fig. 003

Minha relação com o yoga iniciou em Florianópolis em 2003. (Fig. 4 Postura do yoga Mayurasana). Experimentei e pratiquei yoga e de lá para cá, continuo com as minhas práticas para a busca do autoconhecimento. Fiz alguns cursos e vivências contribuindo para as minhas descobertas.

Fig. 004

Fig. 005

Comecei meus estudos descobrindo como poderia alongar determinado grupo muscular na bola (Fig. 5 – alongamento lateral do tronco). Como podia me enxergar no guarda-roupa que por ter uma superfície espelhada, servia de espelho. A partir daí comecei a desenhar as posturas em um caderno quadriculado para não esquecer. (Fig. 6 – desenhos dos bonecos)

Fig. 007

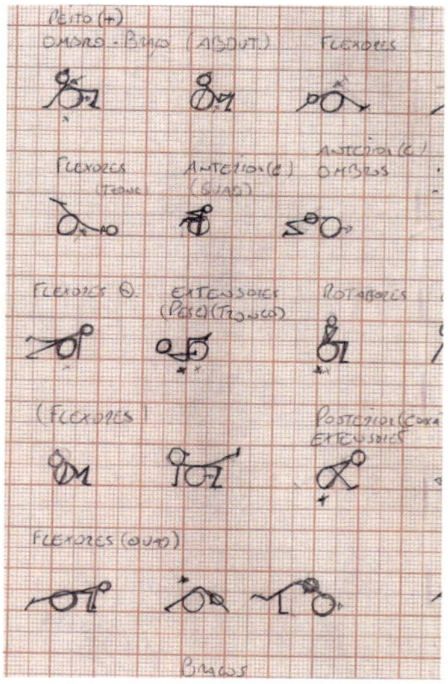

Fig. 006

Em um certo dia de prática comecei a adaptar as posturas do yoga (Fig. 7 – Mayurasana adaptado para bola) à bola e em cada prática surgia novas formas de adaptação das posições.

Fui então cada vez mais me familiarizando com a bola, ampliando mais os movimentos e superando ainda mais meus limites e a gravidade. Com o passar dos dias, em um dos meus momentos de estudo, dedicação e concentração, comecei a compreen-

Fig. 008

der que existiam quatro posturas básicas na bola e que todas as outras posturas são derivadas dela. Por isso, as denominei de Posições Primárias (mais à frente volto a falar dessas posições). Isso me possibilitou ligar uma postura de yoga (Fig. 11 – Rája Kákasana adaptado para bola) a outra, surgindo assim as transições.

A partir de certo momento, por ligar uma posição a outra, percebi que estava fazendo uma espécie de improviso sobre a bola, por conectar várias posturas do yoga sem perder o contato com ela, surgindo assim uma nova abordagem (Fig. 8 – prática com a nova abordagem).

Mas foi durante o estágio final de uma prática de yoga que tive um momento de criatividade e visualizei uma nova sequência de exercícios na bola. No momento da meditação surgiu a intuição de criar uma própria saudação ao Sol na bola (Fig. 9 – sequência da saudação ao sol com a bola), sem alterar muito a biomecânica das posturas, despertando assim uma nova linhagem de movimentos na bola.

Fig. 009

A relação do yoga com o método Samiball® está justamente na capacidade de realizar alguns posturas do yoga com a utilização da bola suíça, associado aos exercícios respiratórios e técnicas de relaxamento (Fig. 10) e meditação.

Fig. 010

Fig. 011

No método Samiball® há uma a saudação ao sol que é realizada em conjunto com a bola suíça (ilustrada na Fig. 9 e 12), possibilitando assim uma prática diferente e desafiadora, no qual o corpo tende a se acomodar na bola.

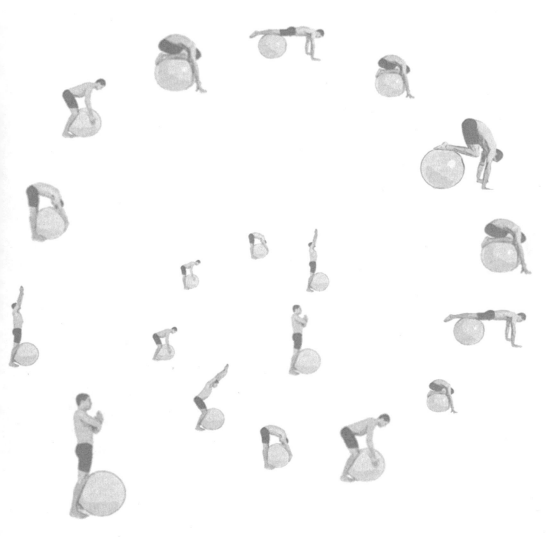

Fig. 012

No próximo assunto será exposto uma breve revisão do yoga para que o leitor possa entender a importância dessa primeira fonte de inspiração para o método, assim como conhecer alguns termos e técnicas do yoga.

## 2.1 O YOGA

O yoga é uma filosofia prática, uma disciplina espiritual oriunda da cultura hindu, existente há mais de cinco mil anos. Tem como objetivo primordial, desde sua origem, levar o praticante a alcançar um estado de consciência que está além da consciência ordinária. Em sânscrito[1], esse estado é denominado samádhi, podendo ser traduzido por "êxtase". Resumindo, o yogin, praticante de yoga, visa transcender a condição humana aspirando uma dimensão que está além da realidade comum. Essa dimensão já foi chamada de Deus, o Ser Supremo, o Absoluto, o Si Mesmo (transcendental), o Espírito, o Incondicionado e o Eterno (FEUERSTEIN, 1998).

O yoga originou-se na civilização chamada Indo-Saraswati, atual Índia, e faz parte do universo cultural do hinduísmo figurando como um dos caminhos, com uma das disciplinas espirituais de auto-conhecimento. A palavra yoga é etimologicamente derivada da raiz verbal yuj que significa "conjugar, juntar, jungir, unir" (FEUERSTEIN, 1998; HERMOGENES, 2001).

Nesse sentido, o yoga engloba um universo amplo de valores e técnicas que visam, por meio de exercícios corporais e mentais, transcender a condição humana em busca da essência divina que está presente no interior de cada ser. Pesquisas recentes têm mostrado os efeitos dessas técnicas no funcionamento das funções corporais e mentais dos praticantes, concluindo que esta prática milenar de autotranscedência pode ser utilizada como um antídoto para as mais diversas doenças da era moderna.

São muitos os estilos de yoga descritos na literatura, mas as principais escolas são: *Karma yoga*, yoga da ação, ou seja, deves cumprir

---

[1] Língua ancestral do Nepal e da Índia. Embora seja uma língua morta, o sânscrito faz parte do conjunto das 23 línguas oficiais da Índia, porque tem importante uso litúrgico no hinduísmo, budismo e jainismo.

a ação que te cabe, pois, a ação é superior a inação (FEUERSTEIN, 1998).; *Bhakti yoga*, de forte caráter devocional, que consiste na força emocional do ser humano que é purificada e canalizada para Deus. (FEUERSTEIN, 1998); *Jnana yoga*, o yoga intelectual, a sabedoria libertadora; *Raja yoga* ou *Pátañjali yoga* que se refere ao sistema de yoga sistematizado por *Pátañjali* e que ficou reconhecido como um *darshana* (visão, ponto de vista) do hinduísmo.

Posteriormente ao referido yoga clássico de *Patañjali*, surgiu o *Hatha yoga*, método yoga pós-clássico, que tem suas bases filosóficas no *Vedánta* e no *Tantra*. Sem dúvida é o método mais conhecido e popular até hoje. Ficou conhecido como "Yoga da força", ou "Yoga do corpo de diamante", visto que para o *hatha yogin* a importância do desenvolvimento dos potenciais do corpo torna-se imprescindível para atingir a meta do yoga, ou seja, usa-se o corpo como ponto de partida para investigações das realidades mais sutis do ser humano e busca o autoconhecimento por meio das posturas físicas. Não estamos nos referindo a preservação de um corpo bonito, estético dentro dos padrões de beleza da sociedade atual, e sim a construção e preservação de um corpo forte, saudável e livre de qualquer doença que possa atrapalhar o *sadhána* (prática espiritual) diário, imprescindível para o sucesso no yoga. Para isso esse método se utiliza *pránáyámas*, *ásanas* e as purificações corporais visando à preparação para a prática meditativa.

## PRANAYAMAS
### Exercícios respiratórios

*Pránáyáma* é captação, expansão e domínio da bionergia por meio de exercícios respiratórios exclusivamente do yoga. A palavra *pránáyáma* deriva de dois termos sânscritos; *prána* que significa bionergia, força vital, respiração, vitalidade e *ayama* expansão.

A respiração está associada sempre aos estados mentais. Isso pode ser comprovado ao observarmos à respiração de uma pessoa furiosa e a respiração de uma pessoa tranquila. Provavelmente, a respiração da primeira estará agitada, enquanto que a da segunda estará calma.

Iyenga (2001) afirma que os sábios yogues defendiam a prática de pránáyámas como o próprio miolo do yoga, porque sabiam da ligação entre a respiração e a consciência.

Segundo Eliade (2000), existe sempre uma relação entre a respiração e os estados de consciência. A respiração serve de instrumento de unificação da consciência, ou seja, ritmando a respiração e tornando-a cada vez mais lenta pode-se acessar estados mentais inacessíveis no estado de vigília. Dessa forma, o controle da respiração é um método eficaz para alterarmos as nossas emoções e buscar melhores estados de concentração. Podemos a partir do treinamento e do domínio de técnicas respiratórias deixar a nossa mente mais calma, assim como torná-la mais ativada.

## ÁSANAS
### Posturas do yoga

Segundo a história Hindu, o Deus *Shiva* foi um bailarino que improvisou alguns movimentos instintivos, porém, extremamente sofisticados graças ao seu virtuosismo e, por isso mesmo, lindíssimo. Essa linguagem corporal não tinha relação alguma com o ballet, porém, inegavelmente, havia sido inspirado na dança. É provável que as posturas do yoga tenham sido originadas dessa dança.

De acordo com a tradição hindu, o Deus *Shiva*, fundador do yoga, é também Natarãja, (Nata=dança; rãjã= rei) o Senhor da Dança. Ele teria ensinado primeiramente à sua esposa *Parvati* as posturas em número igual ao de todas as espécies de animais (IYENGA, 2001; 2003). O gato é um ótimo praticante de Ásanas (Fig.13 – O gato).

Fig. 013

Segundo Feuerstein (1998), o *Gerandha Samhita* afirma que *Shiva* ensinou 84.000 posturas, dentre as quais 32 são consideradas mais importantes para o *yogin*, enquanto que o Hatha yoga Pradípika descreve apenas 16 posturas. Alguns livros de yoga atuais descrevem mais de 200 posturas. Aqui no Brasil temos uma sistematização de *ásanas*, que descreve 108 famílias com mais de duas mil variações no total. Os *ásanas*, ao qual *Patañjali* refere-se no yoga clássico são somente as posições para sentar, os *dhyanásanas*, usados como suporte para a realização de técnicas meditativas e respiratórias. A partir do surgimento do *Hatha yoga,* este também passa a referir-se às diversas posturas corporais, e passa a designar exercícios psicofísicos para harmonizar a força vital, equilibrar e curar o corpo. Todas essas posturas, "ásanas", apresentam formatos geométricos e arquitetônicos precisos, e por esse motivo torna-se mais um elemento das belas artes (IYENGA, 2001).

Devido essa característica citada anteriormente, os ásanas, quando realizados nas saudações ao sol, tornam-se a parte mais visível da técnica, que em geral desperta mais a atenção do público leigo, que associa o yoga a uma ginástica acrobática oriunda do oriente. Isso leva ao entendimento reducionista e errôneo do yoga, por grande parte das pessoas, como sendo apenas mais uma forma de exercitar o corpo, um método de condicionamento físico com um pouco de contorcionismo. Deve ser lembrado que executar posturas difíceis ou ser dotado de uma grande flexibilidade não significa evolução espiritual. O mais importante é a atitude mental que é cultivada durante a permanência em cada postura.

> O domínio dos ásanas e pránáyámas ajuda o praticante a liberar a mente do corpo, o que leva automaticamente à concentração e à meditação (IYENGA, 2001, p. 23).

# SÚRYA NAMASKÁRA
## Saudação ao Sol

A Saudação ao Sol (Fig. 14a) é uma série composto por um grupo de ásanas em sequência, usada pelo homem para reverenciar o Deus-sol (Fig.14b – O sol). Existem diferentes formas de se fazer essa saudação, variando de acordo com as diferentes linhas de yoga.

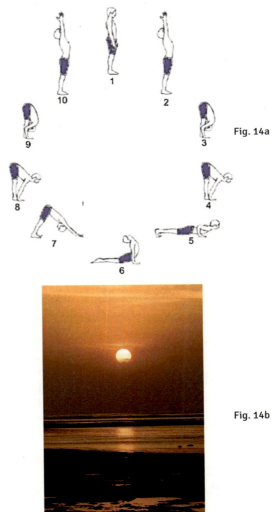

Fig. 14a

Fig. 14b

# YOGANIDRÁ,
## O relaxamento do yoga

Yoganidrá significa sono do yoga, é uma técnica de relaxamento consciente, desenvolvida por Swami Satyananda Sarawasti. Proporciona um profundo relaxamento físico, mental e emocional e visa levar o praticante a um estado de consciência que está entre o sono profundo e a vigília. Segundo Le Page (2007), o estado no limiar entre o sono e a meditação faz que o contato entre o subconsciente e inconsciente ocorra espontaneamente, tornando o yogin mais receptivo a mentalização e liberando todo seu potencial criativo.

Para a prática do yoganidrá deve estar em shavásana, postura do cadáver, em que o corpo permanece deitado em decúbito dorsal. O sankalpa, resolução interior, é outro elemento presente no yoganidrá. É uma frase curta e carregada de significado que deve ser repetida mentalmente visando alguma transformação para o praticante. Dessa forma essa técnica mostra-se uma ferramenta eficaz para a autotransformação do yogin assim como uma maneira de acessar setores mais profundos da consciência, para preparar a mente para a prática de meditação.

Nos dias de hoje o relaxamento é uma técnica bastante utilizada nas aulas de hatha yoga, visto que atende a necessidade do homem moderno que fadigado e estressado pelo ritmo de vida acelerado busca alternativas de aliviar as tensões provocadas pelo alto nível de estresse. Filho (2005, p. 179) enumera alguns benefícios da prática de relaxamento:

> [...] propicia recuperação rápida e completa da fadiga de qualquer espécie, cura transtornos fisiológicos produzidos pelo trabalho excessivo e pela tensão; harmoniza os processos mentais reduzindo a atividade febricitante dos vrittis (ondas mentais); limpa os entraves de natureza tensional.

## MEDITAÇÃO

A meditação é sem dúvida a técnica mais importante e mais antiga do yoga, pois é a forma mais concreta para acessar setores mais profundos da consciência e chegar ao samádhi. Existe muita controvérsia em relação ao conceito de meditação. Segundo Kupfer (2001, p. 82) "meditar é deter o fluxo do pensamento na contemplação de um objeto determinado até saturar com ele a consciência. Ao se deter as turbulências dos vrittis (ondas de pensamentos na matéria da mente), se manifesta o buddhi, (a intuição)". Para Pátañjali, "A unidirecionalidade (ekatânatâ) das idéias (presentes na consciência) em relação ao objeto de concentração é meditação dhyana" (FEUERSTEIN, 1998, p. 286). Esses conceitos diferem bastante do significado que a palavra meditação ganhou na língua portuguesa. Conforme Rocha (1996, p. 400) meditar é: "Pensar com atenção. Refletir. Considerar cuidadosamente. Ponderar". Nesse sentido, percebe-se que meditar ganha o significado de pensar, refletir, ou seja, aumentar a atividade da mente, o que parece contrário ao verdadeiro sentido que a meditação tem nas disciplinas espirituais que a originaram.

Existem diversas técnicas que visam a levar o praticante a vivenciar estados meditativos, tais como: concentração em um objeto, em uma imagem visualizada, em um mantra, em alguma parte do corpo, etc. Porém, o que há em comum é a redução do fluxo de pensamentos por meio da concentração cada vez maior no objeto contemplado.

> Pela meditação profunda, o conhecedor, o conhecimento e o conhecido torna-se um só. O vidente, a visão e o que é visto não têm existência separada um do outro. É como um grande músico tornando-se uno com o seu instrumento e a música que dele sai. Então o iogue está em sua própria natureza e compreende sua identidade (Atmã), como sendo parte da Alma Suprema dentro de si mesmo. (IYENGAR, 2003, p. 20).

Atualmente a meditação não é utilizada apenas pelas disciplinas espirituais da Índia, tradições budistas, taoísta, cabalística, cristã entre outras também utilizam técnicas de meditação.

*Leituras sugeridas:*

*A Árvore do yoga, Iyengar, B.K.S. Ed. Globo, 2001.*

*A Luz do yoga, Iyengar, B.K.S. Ed. Globo, 2003.*

*Yoga prático, Kupfer, P Ed. Dharma, 2001.*

# CAPÍTULO 3

## MÉTODO SAMIBALL®: A DANÇA COMO 2ª FONTE DE INSPIRAÇÃO

Quase no final de 2006, conheci a Gabriela (Fig. 15 – Gabriela em umas das apresentações). Ela fazia aulas de ballet, dança moderna e contemporânea há mais de nove anos. Logo começamos a conviver e vivenciar tudo aquilo que eu tinha experimentado sozinho. Comecei a passar alguns movimentos para ela e a partir desses encontros, no início de 2007, fui apresentado a outros bailarinos e a um coreógrafo.

Fig. 015

Nesse período estava se aproximando o Dia Mundial da Dança, 29 de abril de 2007, e o Teatro Tobias Barreto em conjunto com a Secretaria de Estado da Cultura organizou espetáculos. Logo surgiu o convite para fazer uma performance e me apresentar no Espetáculo (Fig. 16, 17, 20 – Apresentações da dança), incluindo uma coreografia na bola. Nesse mesmo período todos os bailarinos faziam aulas de alongamento, contato improviso, dança contemporânea e do meu experimento (aplicações do yoga na bola suíça) no teatro durante alguns meses como preparação e ensaio para o espetáculo. Após essa apresentação percebi que meu experimento realmente era uma espécie de dança que se encaixava na do tipo contemporânea e isso foi confirmado a partir de registros como fotografias e vídeos. A partir daí, construímos outras coreografias. Em maio do mesmo ano surgiu outro convite para apresentar nas Universidades.

Fig. 016

Fig. 017

Meses depois, em julho, estava se aproximando o Encontro Nordestino dos Estudantes de Fisioterapia (Eneefisio) e recebi mais um convite para realizar outra apresentação na abertura (Fig.18 – Apresentação no Eneefisio). Como era um encontro de estudantes de fisioterapia, realizei um workshop com o título Samiball. Anos depois, em 2009, fui convidado para fazer outras apresentações com mais dois bailarinos no Dia Mundial da Dança, 29 de abril, realizada pela Secretaria de Estado da Cultura (Fig. 21). Já no final do mesmo ano, a convite de alguns estudantes de universidades em Sergipe fiz mais algumas apresentações (Fig. 19).

Fig. 018

Fig. 019

Fig. 020

Fig. 021

Foi a partir dessas apresentações que cheguei à conclusão de que a relação da dança, com a minha experiência, está no fato de o bailarino levantar possibilidades em elaborar e realizar movimentos livres utilizando a bola suíça como parte complementar do corpo. Pode ser caracterizado pelo contato-improviso do corpo sobre a bola, acompanhado de músicas, podendo ser adotado como uma dança contemporânea, a qual é marcada por movimentos livres e sem regras, cuja realização remete à espontaneidade.

Portanto a bola por ser um elemento de forma circular que possibilita movimentos nos quatro planos de forma plástica, contínua e harmoniosa, sem que haja uma quebra entre os movimentos ou uma perda de contato do corpo com a bola de forma brusca. O resultado, assim, é um contato-improviso (corpo/bola), em que o bailarino realiza vários movimentos em diversos planos e eixos.

O próximo tema traz uma breve revisão da dança para que o leitor possa entender como ela fez parte do método e serviu para o seu desenvolvimento, servindo como a segunda fonte de inspiração.

## 3.1 A DANÇA

A dança esteve presente nas mais antigas organizações sociais, seja para festejar as forças da natureza ou nas mudanças das estações. É tão antiga quanto o próprio ser hurmano e pode ser compreendida como cópia ou interpretação de movimentos e ritmos essenciais ao ser humano. Para os antropólogos e arqueólogos, os homens primitivos dançavam como forma de demonstrar a exuberância física ou como uma simples tentativa de transmissão, e posteriormente foi usada como forma de ritual. Por meio de seus gestos repetitivos e ritmados os homens utilizavam a dança para esquentar os corpos antes da caça e do combate (CAMINADA, 1999; PORTINARI, 1989).

Sabe-se que a dança nasceu da necessidade de expressar uma emoção, de uma plenitude particular do ser, de uma exuberância instintiva, de um apelo misterioso que atinge até o próprio mundo animal, porém só com o homem ela se eleva à categoria de *Arte*, em função da sua consciência. Aos poucos, a dança começou a ser submetida as regras disciplinares, estabelecendo a preocupação com a coordenação estética do movimentos, até então naturais e instintivos do corpo (CAMINADA,1999).

A dança é compreendida como uma expressão por meio de movimentos corporais que transcedem o poder da palavra ou mímica (GAURAUDY, 1980 *apud* RANGEL, 2002).

A dança tem como resultado visual e/ou cinestésico uma descarga de energia no tempo e espaço geradas por respostas musculares a estímulos. Suas estruturas e estilos podem ser analisados por meio do tempo, ritmo, dinâmicas e uso do corpo (NEVES, 1987 *apud* RANGEL, 2002). Não se pode realizar a dança sem a presença dos seis elementos: o tempo, espaço, som, movimento, forma e energia, porque quando se executa um movimento faz-se dentro de um determinado espaço, seja ele limitado ou não, apresentando-se de forma redonda ou retilínea, impregnada de ritmo e energia e que acontece num período de tempo independente da nossa vontade (RANGEL, 2002; BARRETO, 2004).

O ritmo, como foi citado, é um elemento essencial na dança e faz com que o homem desenvolva a sua necessidade de se expressar, lançando mão da ajuda de todas as partes do corpo e colocando-as a serviço do compasso, de forma que, ao reforçar o ritmo, acentua-se o caráter embriagador da dança (CAMINADA, 1999).

A dança, segundo os movimentos, podem ser classificadas em: hamoniosos e desarmoniosos com o corpo. Os hamoniosos com o corpo apresentam as chamadas dança do tipo abertas ou de expansão; fechada ou de exclusão; de assento; de giro e de torção. O objetivo é superar as limitações naturais do corpo, tentando romper os laços de gravidade por meio de movimentos que tendam para cima e para frente, gerados a partir dos estímulos provocados pelo *prazer* e pelo *êxtase*. Já os desamoniosos com o corpo podem ser convulsivas pura, atenuadas malaias ou mórbidas (CAMINADA, 1999).

Quanto aos tipos, as danças podem ser imitadas, abstratas e com ou sem imagem. Referente aos estilos de dança podemos destacar algumas como: clássicas, neoclássicas, livres, modernas, contemporânea, contato-improvisso etc. (CAMINADA, 1999; RANGEL, 2002).

Fig. 022

A dança clássica originou-se no século XVII, e procurava demonstrar uma bela postura, leveza e rigor técnico na realização dos seus movimentos, exigindo dos bailarinos domínios de movimentos não tanto comum aos do seres humanos. Já a dança neoclássica surgiu no final do século XIX, e procurava explorar as formas mais abstratas como

Fig. 023

conteúdo de expressão, utilizando assim um maior espaço em suas realizações.

Mais a frente surgiu, no início do século XX, a dança livre criada por Isadora Duncan. Formada em técnica clássica, não se deixou render aos princípios artificiais e tradicionais do clássico, e teve como fonte de inspiração a *natureza*, por meio das observações dos seus elementos, como nos movimentos dos pássaros, das ondas (Fig. 22) e até mesmo nos galhos das árvores (Fig. 23). Os movimentos eram rápidos e suaves, valorizando a exploração do espaço (RANGEL, 2002).

A dança moderna teve como um dos precursores o cantor de ópera Franlois Delsarte, francês nascido em 1811. Devido a perda da fala aos 23 anos teve a sua carreira interrompida, gerando assim um interesse pela ciência da anatomia e a relação entre a voz e os gestos, que por meio das observações de loucos, bêbados e agonizantes em hospitais, elaborou uma técnica de expressão corporal com o objetivo de aprimorar o rendimento de artistas cênicos. Essa técnica é caraterizada por movimentos de contração e relaxamento que traduzem uma energia originada na região umbilical, associando-se a um trabalho *respiratório* para melhor domínio e execução. Os movimentos feitos com o tronco, braços e pernas prediz o sofrimento e a interiorização do homem (PORTINARI, 1989; RANGEL, 2002).

Após a dança moderna veio a dança contemporânea, mencionada por Godoy no final do século XX, surgiu nos anos 60 até as últimas décadas. Apareceu com a tentativa de se buscar novas possibilades de movimentos, viabilizando o envolvimento de todas as outras técnicas, por meio de qualquer tipo de movimento, sejam eles técnicos ou não, procura expressar, relatar, criticar ou refletir sobre as ideias atuais, os problemas existentes e as tendências nas quais andam nossa sociedade. Nesse tipo de dança a fluidez pode ser analisada pela exploração de infinitas possibilidades de espaço e pela variação de movimentos técnicos e livres por serem movimentos que sejam desprendidos de regras, cuja a realização remete a espontaneidade e naturalidade (RANGEL, 2002).

Outra dança que surgiu foi o contato improvisação, dança que veio após a dança contemporânea, especificamente nos anos 70, nos Estados Unidos por Steve Paxton, bailarino, praticante de ginástica Olímpica e de Aikido. Considerado um dos mitos vivos da dança, seu elemento de pesquisa era a improvisação e como esse componente poderia facilitar a interação entre os corpos, as reações físicas e como levar a participação igualitária das pessoas em um grupo, sem empregar arbitrariamente a hierarquização social. Ele queria desenvolver um novo tipo de organização social, não ditatorial, não excludente. Idealizava que a dança acontecesse por si, acreditando que qualquer corpo poderia dançar. Os contatistas, como eram chamados, movimentavam-se em conjunto, rolando uns sobre os outros, deslocando o peso de uma parte do corpo para outra, de um corpo para o outro, produzindo um movimento fluido utilizando os vários níveis de exploração (LEITE, 2005; VINHAS, 2007).

Uma das características dessa modalidade é que o movimento resulta da improvisação (HASELBACH, 1989 *apud* KRISCHKE, 2004) atribui que improvisar significa fazer algo sob certas condições, não previamente planejado, adaptando às dificuldades (por exemplo ao objeto, que no caso dessa dança seriam os corpos). Para que tenha a improvisação, faz-se necessário ter a *espontaneidade*, porque sem ela não haverá improvisação. Com isso, o contato improviso provoca e reage às situações resultantes das sensações do toque e da transferência de peso, inventando soluções no exato momento em que a dança acontece.

*Leituras sugeridas:*

*História da Dança, Portinari, M.B. ed. Nova Fronteira, 1989.*

*Dança Improvisação uma Relação a Ser Trilhada com o Lúdico, Krischke, A. M. Artigo Motricidade, 2004.*

*Contato Improvisação um Dialogo em Dança, Leite, F.H.C, Artigo Movimento, 2005.*

# CAPÍTULO 4

## MÉTODO SAMIBALL®: A CAPOEIRA COMO A 3ª FONTE DE INSPIRAÇÃO

A partir de algumas práticas e observações das artes marciais como a capoeira, o full contact e o jiu-jitsu em minha adolescência e fase adulta, adaptei alguns golpes para a bola com objetivo de levar novas práticas durante meus experimentos. Então, para deixar a prática com mais interação entre mim e Augusto (meu amigo de prática), fui adaptando cada vez mais os movimentos, sendo o movimento básico de *gingar, da capoeira* o precursor (Fig. 24). A partir desse movimento fui desenvolvendo sequências cada vez mais avançadas.

Fig. 024

Fig. 025

Fig. 026

Fig. 027

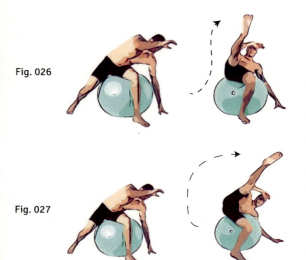

À medida que a gente foi se aperfeiçoando, fui criando e adaptando novos golpes da capoeira e do full contact sobre a bola. Um dia fomos à praia com as bolas, escolhemos um lugar com grama e comecei a passar alguns movimentos meus adaptados da luta, mais específico o da capoeira como Esquiva (Fig. 25), Benção (Fig. 26), Martelo (Fig. 27), Aú (Fig. 28), Rasteira (Fig.29). No decorrer da prática, nós já estávamos improvisando um jogo de capoeira sem se quer perceber, até que se aproximou um senhor e falou: "é uma capoeira na bola, que diferente!". Foi aí que eu percebi que a capoeira estava ali, fazendo parte da gente, e que por meio da interpretação do senhor sobre nossos movimentos corporais, ele conseguiu visualizar a capoeira sem que tivesse nenhum tipo de identificação (roupa branca, berimbau, música, rodar), a não ser os nossos movimentos. Minha ideia foi revelada na imaginação daquele senhor.

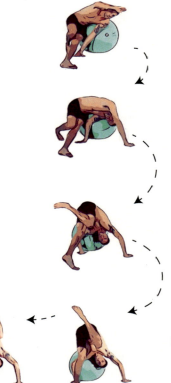

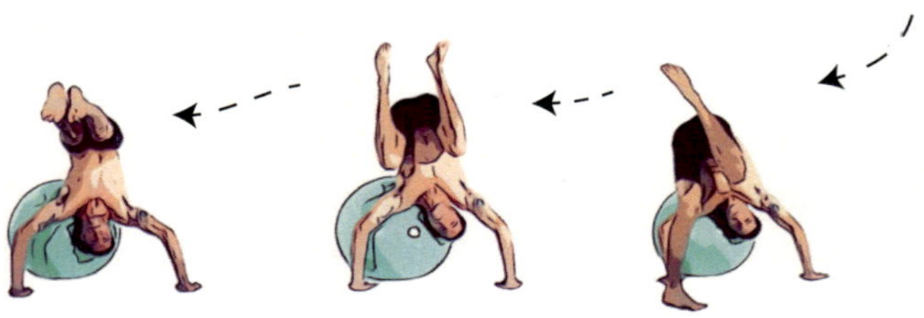

Fig. 028

SAMMIR VIEIRA MELO

Fig. 029

A ligação da capoeira com o Samiball está na semelhança de alguns movimentos, no qual o praticante é capaz de brincar de capoeira, seja de forma lenta ou rápida a depender do tipo de toque musical, cujo o objetivo é desequilibrar o adversário da bola e não machucar ou bater. Com a utilização da bola suíça, a pessoa terá uma diminuição da descarga de peso sobre as extremidades, facilitando a transferência do peso entre as mãos e os pés, porém necessitará de mais equilíbrio para a realização dos movimentos, pois a bola por ser um objeto instável e sem uma base fixa irá solicitar naturalmente mais das reações posturais (reação de endireitamento, equilíbrio e retificação) do indivíduo.

Anos mais tarde criei o projeto Gingando na Bola como iniciativa do trabalho de conclusão de curso, o objetivo era deixar a prática mais interativa entre as pessoas, com isso recebi novos convites para apresentações artísticas em uma visão capoeira e luta. Fui convidado a ministrar um curso e me apresentar no Festival de Capoeira de Curitiba/Paraná no ano de 2012 (Fig. 30 e 31).

Fig. 030   Fig. 031

O próximo tema é uma breve revisão da capoeira para que o leitor possa entender que algumas características da capoeira no Samiball têm servido de terceira fonte de inspiração.

## 4.1. A CAPOEIRA

A capoeira surgiu a partir da necessidade de um povo oprimido, negros, para livrar-se de seu opressor, brancos, no qual o escravo por não possuir armas suficientes descobriu no seu próprio corpo um meio de defesa (BULAMAQUI, 1928 *apud* SILVA, 1993). Eles mostraram ser superiores na luta pela agilidade, coragem, sangue-frio e astúcia, imitando assim *movimentos de animais* como gatos, macacos (Fig. 32), cavalos, bois, aves, cobras e estruturas das manifestações trazidas da África (AREIAS, 1983 *apud* FREITAS, 1997).

Fig. 032

Entretanto, sabe-se que a capoeira pode ser apreciada como história, filosofia de vida, sentimento de brasilidade, música, dança, amor e poesia, por ser caracterizada como uma rica expressão artística, que combina luta e dança utilizando instrumentos musicais como berimbau, pandeiro e atabaque. (FRIGERIO, 1989). Não pode ser dito em palavras, mas nos gestos e expressão. Nela está presente todo um conjunto de movimentos característicos e, neste conjunto de gestos e expressões, deve-se ir além do cumprimento mecânico do ritual para evitar uma fragmentação, pois na capoeira tem-se a esfera do objetivo e do subjetivo, do movimento e do significado deste (CASTRO, 2003 *apud* D´AGOSTINI, 2004). Na capoeira, acontece uma conversa corporal constante, entres os jogadores, todos sintonizados no jogo. O jogo compõe um espaço em que um corpo fala com outro, a partir das relações estabelecidas no jogo e manifestadas em uma linguagem própria, dependendo da história de vida de cada um. Quando o capoeirista agacha ao pé do berimbau para iniciar o jogo, não existe uma combinação nos movimentos, mas sim um processo de descoberta a partir do que cada um realiza durante o jogo (D´AGOSTINI, 2004).

Devemos frisar que capoeira se joga "com" o outro e não "contra" o outro. Geralmente fala-se em "jogar" capoeira e não "lutar" capoeira. E já que é um jogo, é preciso que o homem jogue como uma criança (HUIZINGA, 1996 *apud* KRISCHKE 2004). Dessa forma a capoeira pode ser identificada como brincadeira e/ou vadiagens feitas em rodas (D'AGOSTINI, 2004), assegurando assim o seu vínculo com o lúdico.

Com relação à prática propriamente dita, a capoeira é executada e praticada de forma empírica, intuitiva, no qual os seus participantes não se dão conta de que, racionalizada e com um método adequado, muitos criam os resultados sociais, físicos e espirituais com que ela poderia contribuir decisivamente para a formação do elemento humano (SENNA, 1980).

São nas rodas que os capoeiristas se encontram para jogar, brincar, vadiar. Tradicionalmente se forma um círculo de cerca de cinco metros de diâmetro no qual todos os participantes podem ficar sentados ou em pé, a depender das tradições de cada estilo, grupo ou toque de berimbau, entretanto essas rodas não se limitam a esse espaço físico e geralmente se iniciam com um "Iê" do Mestre que está regendo o ritual (VIEIRA, 1998; D'AGOSTINI, 2004).

A roda de capoeira é um campo de mandinga, é um campo astral, é um espaço de energia. A mandinga é a malícia com a qual, durante o decorrer do jogo, o jogador desfaz uma situação e quando o seu parceiro vir, aplica-se um golpe inesperado e o outro não consegue reagir. Um parceiro engana o outro no jogo (CASTRO, 2003 *apud* D'AGOSTINI, 2004). Nesse jogo é preciso muita malandragem e malícia para saber esconder os movimentos e pegar o outro em uma armadilha que se faz fingindo estar distraído para que o adversário pense ser esta a sua oportunidade de atacar. Ao estar preocupado com a ação de atacar, o capoeirista fica desatento em sua defesa podendo ser pego. Essa ideia expressa não deve ser confundida como uma retribuição de violência ou sair-se vencedor, mas de se fazer distraído e tapear o parceiro na sua iniciativa de agressão (D'AGOSTINI, 2004).

O movimento básico da capoeira é o Gingar. Esse movimento serve para todos os demais movimentos e consiste em um balançar ritmado do corpo que pode ser padronizado ou personalizado dependendo de cada grupo de capoeira. Outros movimentos da capoeira são as rasteira, o rabo de arraia, cabeçada, a meia-lua-de-compasso, o aú, o cocorinha, a bênção, o deslocamento para trás, a negativa aberta, a negativa fechada, o martelo, o role, a armada, a tesoura de frente, o voo do morcego entre outros.

*Leituras sugeridas:*

*O Que é Capoeira, Areias, A. Ed. Brasiliense, 1983.*

*Capoeira, Arte Marcial Brasileira, Senna, C. Cadernos de cultura, 1980.*

*Capoeira do Engenho à Universidade, Cepesup 1993.*

*O Jogo de Capoeira: Cultura Popular no Brasil, Vieira, L.R. Ed. Sprint, 1998.*

# CAPÍTULO 5

## MÉTODO SAMIBALL®: A INFLUÊNCIA DA FISIOTERAPIA

No ano de 2006 saí do curso de Educação Física (licenciatura) e fui para o curso de Fisioterapia, em que obtive conhecimentos mais específicos sobre o corpo humano por meio de matérias como Anatomia, Cinesiologia, Biomecânica, Cinesioterapia, Exercícios Terapêuticos, entre outras. Como em minha adolescência tive vivências em pinturas e desenhos, aproveitei para desenhar vários ossos, ligamentos e músculos e isso me ajudou no entendimento e na fundamentação teórica do método.

Quando comecei a cursar as disciplinas práticas da fisioterapia, tive a oportunidade de trabalhar com pacientes de diversas patologias e sequelas como asma, fibrose cística, queimados, amputados (Fig. 33), lombalgias e fibromialgia. Com isso recebi alguns convites, para falar sobre o método, durante a minha fase na fisioterapia (Fig. 34).

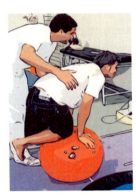

Fig. 033

Fig. 034

A fisioterapia é uma ciência aplicada, cujo objeto de estudo é o movimento humano, em todas as suas formas de expressão e potencialidades, quer nas suas alterações patológicas, quer nas suas repercussões psíquicas e orgânicas, como objetivo de preservar, manter, desenvolver ou restaurar a integridade de órgão, sistemas ou função (Resolução COFFITO – 80, em 21/05/1987).

Foi no último período que compreendi com mais clareza que poderia introduzir alguns movimentos na fisioterapia, já que essa se fundamenta na Anatomia, Cinesiologia e Biomecânica e oferece várias modalidades de tratamento tais como termoterapia, eletroterapia, fototerapia e cinesioterapia.

O método, portanto, teve influência da fisioterapia e, por se enquadrar em uma das suas modalidades, a cinesioterapia, a sua metodologia têm fundamentação teórica nos conhecimentos e princípios da cinesiologia.

É por esse motivo que os referidos conteúdos, expostos a seguir, foram inseridos no livro por meio de uma breve revisão bibliográfica para que o leitor entenda e visualize de forma sucinta alguns conceitos e nomenclaturas, a fim de facilitar a compreensão dos exercícios contidos neste livro.

## 5.1. CINESIOLOGIA

A cinesiologia refere-se ao estudo do movimento humano e foi desenvolvida a partir do deslumbramento dos seres humanos com o *movimento animal*, originando-se inúmeras indagações: como caminha uma pessoa? Como nadam os peixes? (Fig. 35). Como voam as aves? (Fig. 36). Da busca de respostas a essas perguntas, evoluiu a ciência do movimento, combinado as teorias e princípios da anatomia, psicologia, antropologia e mecânica (SMITH, 1997).

Fig. 035

Em 1887, Muybridge, usando 48 câmeras fotográficas, publicou as mais notáveis fotografias de humanos andando, correndo, saltando, escalando e levantando, além da marcha de mais de 30 animais e o voo de aves, totalizando 8000 fotos (MUYBRIDGE, 1957 *apud* SMITH, 1997).

Fig. 036

A análise dos movimentos depende de uma descrição correta dos movimentos articulares que constituem cada padrão de movimento. A compreensão dos movimentos em relação ao plano e ao eixo que são encontrados é de grande importância para todos os profissionais que trabalham direta ou indiretamente com o movimento, destacando os médicos, fisioterapeutas, educadores físicos, técnicos de esportes, treinadores de atletismo, coreógrafos, bailarinos e outros profissionais da área da saúde, devido formar a base na elaboração de um programa de atividades e uma melhor localização das partes do corpo (BRITO, 2003).

A mecânica aplicada ao corpo humano vivo é denominada de biomecânica e tem como um dos seus elementos de pesquisa a cinemática. Segundo Andre Ampère (PINHEIRO, 1992 *apud* D'AGOSTINO, 2004), a cinemática é um termo citado para designar a parte da mecânica relativa aos movimentos, sem considerar as forças que as produzem ou a massa dos corpos em movimento. É o estudo das características do movimento (velocidade e aceleração), relativamente a um marco convencional e da decomposição de movimentos (SMITH, 1997).

## A mecânica pode ser dividida em estática ou dinâmicas.

- Estática: o corpo se encontra em repouso ou em movimento uniforme.

- Dinâmica: o corpo se encontra em aceleração ou desaceleração.

## PLANOS DE MOVIMENTO

Todas as ações corporais geram movimentos e esses perpendiculares ao movimento. Por convenção, os movimentos articulares são definidos com relação à posição anatômica: corpo ereto com os pés unidos, membros superiores ao lado do corpo e as palmas da mão para frente (RASCH, 1991).

Para estudar as várias articulações do corpo e analisar seus movimentos, convém caracterizá-los de acordo com planos específicos de movimentos. O plano de movimento pode ser definido como uma superfície bidimensional imaginária por meio da qual um membro ou segmento do corpo é movimentado (THOMPSON, 1997).

Existem quatro planos específicos de movimento, segundo os quais os vários movimentos articulares podem ser classificados. Embora cada movimento articular específico comece em um dos planos de movimento, nossos movimentos normalmente não se dão totalmente em um dos planos específico, mas ocorrem como conjugação de movimentos de mais de um plano (THOMPSON, 1997).

A bola explorada neste livro apresenta uma característica singular. De acordo com Morais (1989 *apud* CASSOL, 2003) a bola trabalha nos três planos devido ao seu formato arredondado tornando-se um objeto móvel, desafiador, possibilitando rolar em superfícies planas. Devido a essa variedade de direções que a bola possibilita, o indivíduo se movimenta em todos os planos.

## Tabela de Planos e eixos

TABELA 1.1. PLANOS E EIXOS

| Planos | Eixos |
| --- | --- |
| Sagital (mediano) | Lateral |
| Frontal (coronal) | Ântero-posterior |
| Transversal (horizontal) | Vertical |

FONTE: THOMPSON, 2002.

## PLANOS e EIXOS
### Planos: (sagital - frontal - transverso – oblíquo)

SAGITAL: esse plano divide o corpo na linha mediana em lado direito e lado esquerdo (Fig. 37). Também é denominado como plano antero-posterior. Os movimentos realizados nesse plano são: flexão, extensão, anteversão, retroversão, flexão plantar, flexão dorsal, elevação e depressão da escápula.

FRONTAL: divide o corpo de frente para trás (Fig.38). É chamado também de plano coronal, os movimentos realizados nesse plano são: adução, abdução, flexão lateral, inversão e eversão.

TRANSVERSO: esse plano divide o corpo em metade superior e inferior (Fig. 37). Denominado também como plano horizontal. Os movimentos realizados nesse plano são: rotação externa, rotação interna, rotação para direita, rotação para esquerda, pronação e supinação.

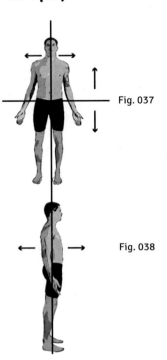

Fig. 037

Fig. 038

OBLÍQUO: esse plano é a junção de mais de um plano. A maioria dos movimentos do corpo são realizados nesse plano, pois, diariamente realizamos um conjunto de movimentos com certa complexidade.

Eixos: são linhas imaginárias perpendiculares aos planos sobre as quais o movimento ocorre.

### Centro de Gravidade

É o ponto de um corpo sólido no qual a soma de todos os momentos devido ao peso é zero. Corresponde ao centro de massa. Teoricamente, determina-se o centro de gravidade por cálculo integral; experimentalmente, por suspensão do corpo; ou seja, é onde atua a força da gravidade. Sendo o centro de massa o ponto sobre o qual a massa está uniformemente distribuída, este deve também ser o ponto de equilíbrio do corpo; portanto, o centro de massa pode ser definido como o ponto sobre o qual a soma dos torques equivale a zero. (HAMIL; KNUTZEN, 1999 *apud* D'AGOSTINI, 2004, p. 23).

Embora não se tenha um centro de gravidade anatômico, sua posição irá depender do arranjo dos segmentos corporais e das alterações que ocorrem na realização do movimento. Sabe-se que o centro de gravidade de um ser humano adulto em posição ortostática estática fica levemente anterior à segunda vértebra sacral (FRIZ, 2002; SMITH, 1997).

### Equilíbrio

Fig. 039

Derivado da palavra latim que quer dizer balancear. Seu conceito é exatamente o resultado da soma das forças que é igual a zero, ou seja, é a capacidade que um ser humano tem em manter o seu centro de gravidade sobre uma base de apoio. O equilíbrio pode ser dividido em estável e instável. O estável refere-se ao retorno do centro de gravidade à sua posição anterior, quando esse foi levemente perturbado. O instável é quando o centro de gravidade no momento de retornar vai para uma nova posição (SMITH *et al.*, 1997; HALL, 2001). Exemplo de equilíbrio está ilustrado na Figura 39.

A bola, instrumento base do método e elemento de estudo neste livro, é um dos objetos usados com frequência para trabalhar equilíbrio, pois proporciona uma superfície instável na realização dos exercícios.

## Base de apoio

Consiste na área que inclui os limites mais externos do corpo em contato com a superfície do apoio (HALL, 2001, p. 527).

Quanto maior a base de apoio, menor o equilíbrio solicitado, porém quanto menor a base de apoio será necessário maior equilíbrio.

A base de apoio, quando transferida para a bola suíça, sofrerá alteração de acordo com a quantidade de ar presente na bola, ou seja, quanto mais cheia estiver (Fig. 40), menor será a base de apoio e consequentemente menor será a superfície de contato da bola com o solo necessitando um maior equilíbrio, quanto menos inflada a bola estiver (Fig. 41) maior será a base de apoio e a superfície de contato da bola com o solo, necessitando menos do equilíbrio.

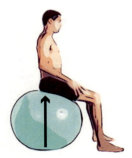

Fig. 040

O próximo conteúdo refere-se à artrologia, e, por ser um assunto de grande importância para o movimento corporal, foi inserido uma breve revisão com a finalidade de facilitar o leitor a ter uma compreensão sobre os movimentos articulares.

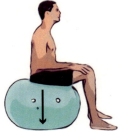

Fig. 041

## 5.2. ARTROLOGIA

É definida como o estudo das articulações (g. *arthros*. articulação + *logos*, estudo). A palavra articulação vem do latim *articulatione*, e segundo o Dicionário Aurélio [3. Anat.] é um dispositivo orgânico por meio do qual permanecem em contato dois ou mais ossos (Fig. 42).

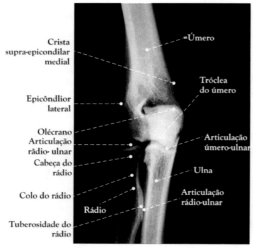

Fig. 042

Uma articulação é utilizada para conectar e manter ligadas partes de uma estrutura. No corpo, as estruturas articuladas são os ossos. As articulações ilustram a forte relação existente entre estruturas e função. O tipo de articulação está diretamente relacionado à sua função ou vice-versa. As articulações que provocam estabilidade ou sustentabilidade estática diferem das que promovem flexibilidade. No corpo, estruturas como o formato dos ossos e a maneira como os ossos se encaixam nas articulações determinam a função da articulação. As articulações podem ser classificadas em três tipos: sinartrose, anfiartrose e sinovial(FRITZ, 2002).

### Classificação das articulações

- Sinartrose: nenhum movimento nas articulações.

- Anfiartrose: pouco movimento nas articulações

- Sinovial: grande movimento nas articulações.

Fig. 043

Neste livro iremos abordar as articulações do tipo sinovial ou diartrose, pois é a de maior importância para nosso estudo. A Fig. 43 mostra pontos de algumas articulações sinoviais. Exemplos: ombro, cotovelo, punho, quadril, joelho e tornozelo.

As articulações sinoviais são as mais comuns, encontradas na maioria das articulações e são caracterizadas como móveis. Pela liberdade de movimento podem ser também chamadas de diartroses (*diathosis* = articulação móvel). Chama-se articulação sinovial porque contém uma substância lubrificante denominada líquido sinovial revestida por uma membrana sinovial ou cápsula. As articulações sinoviais apresentam características peculiares: cartilagem articular, cápsula articular, membrana sinovial e sinóvia (MIRANDA, 2006).

Nessas articulações as superfícies dos ossos são protegidas por uma cartilagem, caracterizado por tecido fibroso muito resistente que recobre a área em que os ossos se encontram (GRAY, 1998).

Existem seis tipos de articulações sinoviais que são agrupadas em: uniaxiais (move-se em apenas um eixo), biaxiais (permite o movimento em dois eixos) e triaxiais (move-se em vários eixos).

# TIPOS

- Uniaxial – o movimento só ocorre em um dos planos do corpo. Os dois tipos de articulações são em dobradiça (cotovelo) e pivô.

Articulação do cotovelo
Vista Perfil

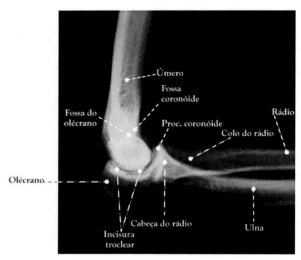

Fig. 044

ARTICULAÇÃO DO JOELHO
Radiografia AP

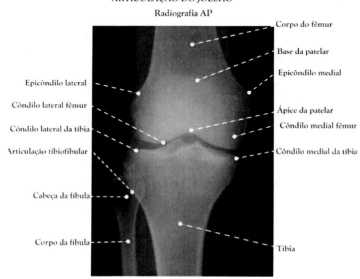

Fig. 045

Articulação em dobradiça permite que realize o movimento de extensão e flexão. Como exemplos temos os movimentos de flexão e extensão do cotovelo e joelho (Fig. 44 e 45, Vista de Perfil e vista de AP) respectivamente e das interfalangianas (Fig. 46) (FRITZ, 2002).

A articulação em pivô permite que realize o movimento de rotação. Como exemplos temos a articulação entre a primeira e segunda vértebra cervical e a articulação nas extremidades proximais do rádio e da ulna (Fig. 44) (HALL, 2001).

- Biaxial – o movimento ocorre em dois planos do corpo. Os dois tipos de articulações são condiloide e em sela.

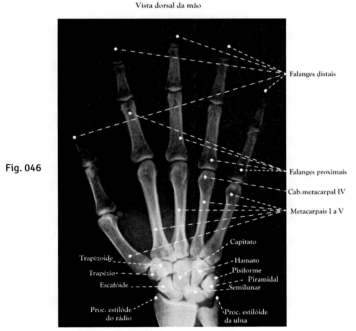

Fig. 046

A articulação condiloide permite movimento em dois planos nesse tipo de articulação são flexão, extensão, abdução e adução. Algumas articulações também realizam a rotação, no caso do joelho. Como exemplo de condiloide estão as articulações do punho (Fig. 46 – vista dorsal da mão), as metacarpofalangianas (Fig. 46), metatarso-falangianas e a atlantoccipital (FRITZ, 2002; HALL, 2009).

A articulação em sela apresenta uma concavidade em uma articulação e uma convexidade na outra articulação. Permite movimentos de flexão, extensão, abdução e adução. Exemplos dessa articulação são a esternoclavicular, carpometacarpal (Fig. 46), articulação do tornozelo (Fig. 47 vista de perfil), dentre outras.

ARTICULAÇÕES DO TORNOZELO

Vista Perfil

Fig. 047

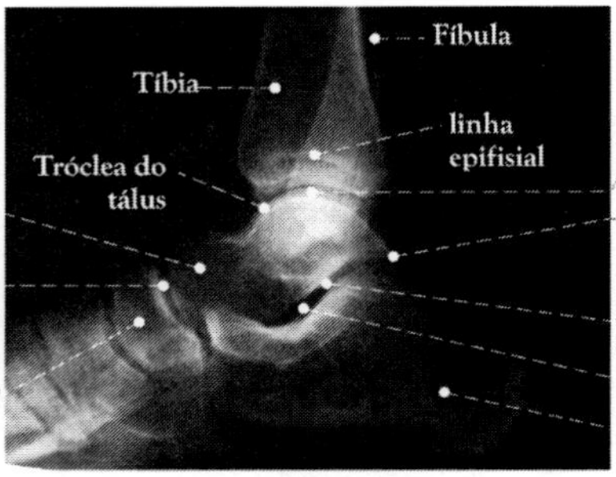

- Triaxial - o movimento ocorre em três planos do corpo ou no plano oblíquo, realizando um amplo movimento. Os dois tipos de articulações são bola ou soquete e deslizante.

A articulação em bola ou soquete é representada pelas articulações do ombro e do quadril (Fig. 48 e 49), respectivamente, nas quais realiza movimentos de extensão, flexão, rotação interna, rotação externa, adução, abdução e circundução (FRIZT, 2002).

A articulação deslizante é representada pelas articulações sacroilíaca, tibiofibular, acromioclavicular e entre os arcos vertebrais que permite movimentos de deslizamento entre dois ou mais ossos.

## Articulação do ombro
### VISTA AP

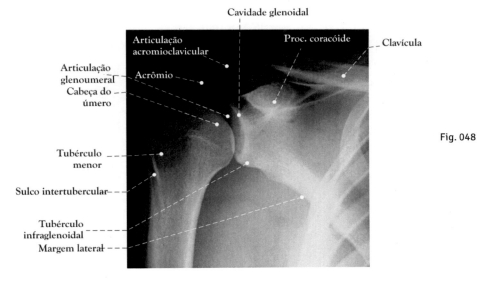

Fig. 048

## ARTICULAÇÃO DO QUADRIL
### Radiografia AP em posição ortostática

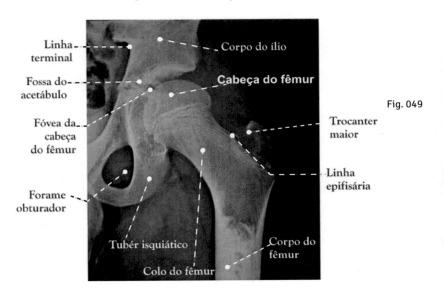

Fig. 049

# COLUNA VERTEBRAL

A seguir segue alguns exemplos dos movimentos articulares da coluna vertebral (Fig. 50) nas posturas sobre a bola e o comportamento das estruturas (Ligamentos, disco intervertebral e núcleo pulposo) nos movimentos (Fig. 59).

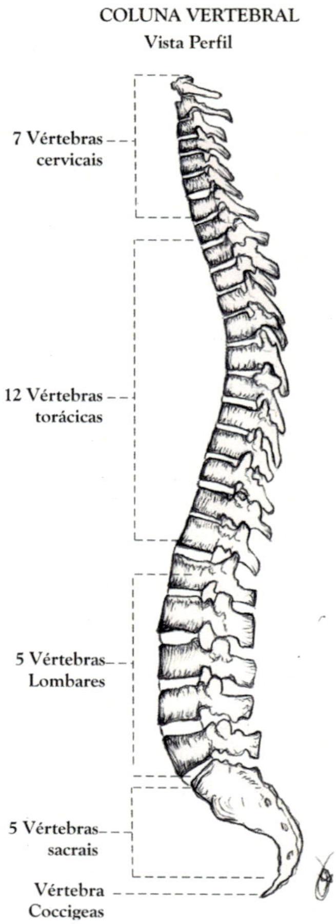

## FLEXÃO

**COLUNA VERTEBRAL**
Vista Perfil

7 Vértebras cervicais

12 Vértebras torácicas

5 Vértebras Lombares

5 Vértebras sacrais

Vértebra Coccígeas

Fig. 050

VÉRTEBRAS EM FLEXÃO

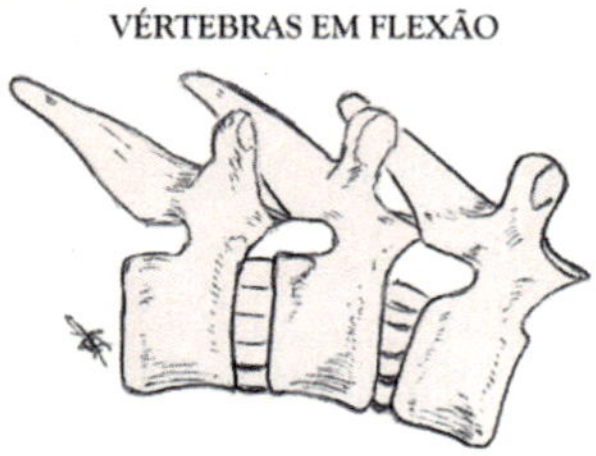

Fig. 051

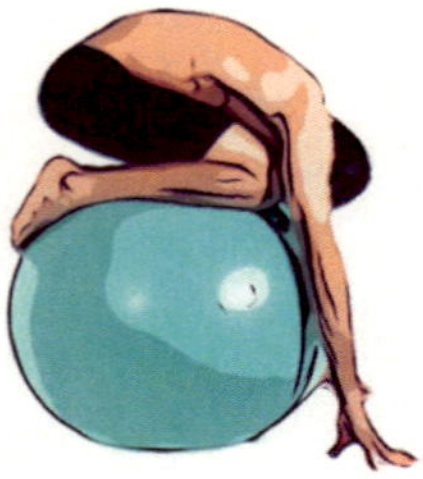

Fig. 052

Flexão (Fig. 51 e 52): durante a flexão da coluna, o disco intervertebral é comprimido anteriormente e tensionado posteriormente e o núcleo pulposo se desloca posteriormente. Há uma tensão dos ligamentos posteriores (ligamento interespinhal, ligamento supraespinhal, ligamento intertransversal, ligamento vertebral posterior, ligamento amarelo e cápsula das articulações interapofisária) e o ligamento anterior sofre uma compressão (KAPANJI, 2000).

## EXTENSÃO

VÉRTEBRAS EM EXTENSÃO

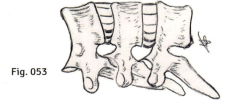
Fig. 053

Fig. 054

Extensão (Fig. 53 e 54): durante a extensão da coluna o disco intervertebral se afina na parte posterior e se alarga na parte anterior e o núcleo pulposo se desloca anteriormente. Os ligamentos posteriores sofrem uma compressão (ligamento interespinhoso, ligamento intertranverso, ligamento supraespinhoso, ligamento longitudinal posterior, ligamento amarelo e cápsula das articulações interapofisaria) pelo contrário o ligamento anterior é tensionado (ligamento longitudinal anterior) (KAPANJI, 2000).

## FLEXÃO LATERAL

VÉRTEBRAS EM FLEXÃO LATERAL

Fig. 055

Fig. 056

Flexão Lateral (Fig. 55 e 56): durante a flexão lateral da coluna o disco intervertebral e o núcleo pulposo se deslocam para o lado da convexidade. O ligamento intertransverso do lado da convexidade sofre tensão e compressão do lado da concavidade. Do lado convexo a apófise articulada da vértebra superior sofre uma elevação enquanto a do lado da concavidade sofre uma depressão, simultaneamente, uma distensão dos ligamentos amarelos e da cápsula articular da apófise do lado da concavidade e uma tensão é dada aos mesmos elementos do lado convexo. (KAPANJI, 2000).

# ROTAÇÃO

VÉRTEBRAS EM ROTAÇÃO

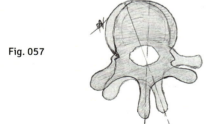

Fig. 057

Fig. 058

Rotação (Fig.57 e 58): durante o movimento de rotação o corpo da vértebra superior roda em relação ao corpo da vértebra inferior, ocorrendo um cisalhamento entre as duas vértebras (KAPANJI, 2000).

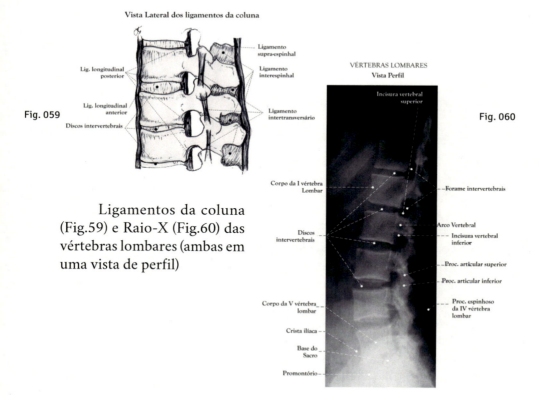

Fig. 059

Fig. 060

Ligamentos da coluna (Fig.59) e Raio-X (Fig.60) das vértebras lombares (ambas em uma vista de perfil)

# MOVIMENTOS DAS ARTICULAÇÕES SINOVIAIS

## 1. FLEXÃO: redução do ângulo entre dois ossos.

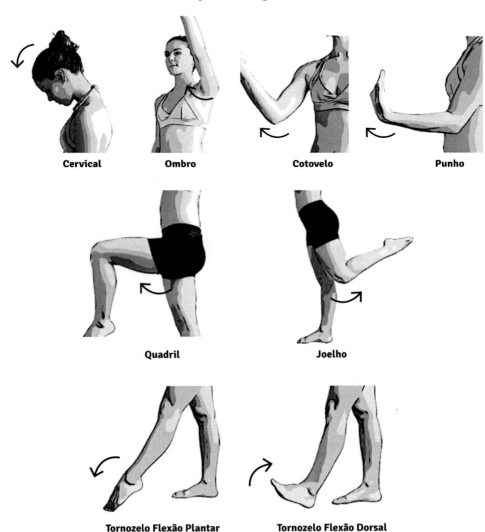

## 2. EXTENSÃO: aumento do ângulo entre dois ossos.

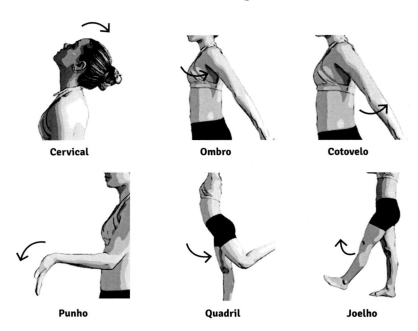

## 3. ABDUÇÃO: movimento em que o osso se afasta da linha mediana.

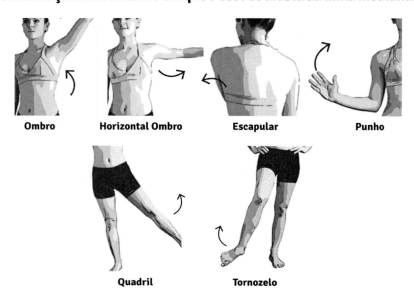

**4. ADUÇÃO: movimento em que o osso se aproxima da linha mediana.**

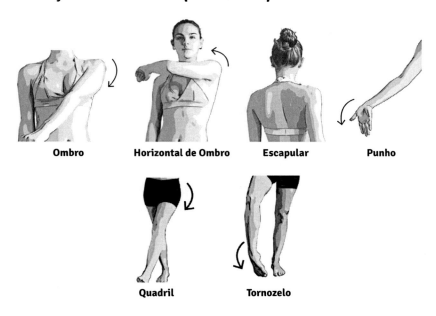

**5. ROTAÇÃO: quando um osso movimenta em torno de um eixo.**

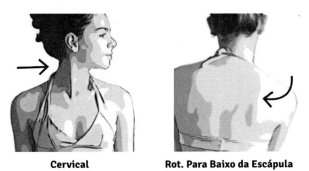

**6. SUPINAÇÃO:** movimento em que o rádio e a ulna se encontram paralelamente um ao outro. A palma da mão volta para cima.

Supinação

**7. PRONAÇÃO:** movimento em que o rádio e a ulna se cruzam e não ficam paralelo um em relação ao outro. Palma da mão voltada para baixo.

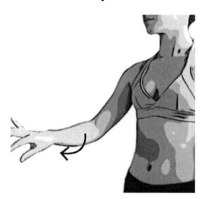

Pronação

**8. EVERSÃO: movimento no qual a sola do pé fica para fora.**

Eversão

**9. INVERSÃO: movimento no qual a sola do pé fica para dentro.**

Inversão

## 10. ELEVAÇÃO: subida escápula. DEPRESSÃO: descida da escápula.

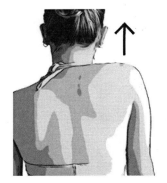 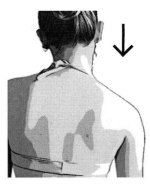

# ANÁLISE ARTICULAR DOS MOVIMENTOS DO SAMIBALL

Fig. 061

**POSTURA**: torção.

**BASE DE APOIO**: uma mão, um pé e a bola.

**NÍVEL**: avançado.

**POSIÇÕES ARTICULARES**:
**Coluna**: rotação para direita; **Ombros**: abdução horizontal bilateral; **Cotovelos**: extensão bilateral; **Punhos**: extensão do esquerdo, neutra do direito; **Quadris**: flexão do direito, extensão do esquerdo; **Joelhos**: flexão do direito, extensão do esquerdo; **Tornozelos**: posição neutra.

Fig. 062

**POSTURA**: apoiando dos joelhos na bola.

**BASE DE APOIO**: os pés e a bola.

**NÍVEL**: básico.

**POSIÇÕES ARTICULARES**:
**Coluna**: posição neutra; **Ombros**: flexão bilateral; **Cotovelos**: flexão leve bilateral; **Punhos**: leve extensão bilateral; **Quadris**: flexão bilateral; **Joelhos**: flexão bilateral; **Tornozelos**: flexão dorsal bilateral.

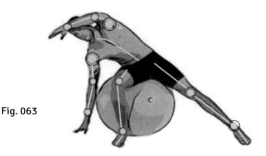

Fig. 063

**POSTURA**: gingar

**BASE DE APOIO**: os pés, uma mão e a bola.

**NÍVEL**: moderado.

**POSIÇÕES ARTICULARES**:
**Coluna**: leve flexão lateral direita; **Ombros**: flexão do esquerdo, abdução horizontal do direito; **Cotovelos**: flexão do esquerdo e leve flexão do direito; **Punhos**: posição neutra bilateral; **Quadris**: flexão do direito e abdução do esquerdo; **Joelhos**: flexão do direito e extensão do esquerdo; **Tornozelos**: posição neutra do direito e inversão do esquerdo.

Fig. 064

**POSTURA**: esquiva

**BASE DE APOIO**: os pés, uma das mãos e a bola

**NÍVEL**: básico

**POSIÇÕES ARTICULARES**:
**Coluna**: posição de extensão com leve rotação e flexão lateral; **Ombros**: abdução bilateral; **Cotovelos**: extensão do esquerdo e flexão do direito; **Punhos**: extensão esquerdo (solo); **Quadris**: flexão do esquerdo e extensão do direito; **Joelhos**: flexão bilateral; **Tornozelos**: flexão plantar do direito e leve flexão dorsal do esquerdo.

Fig. 065

**POSTURA:** parada de mão.

**BASE DE APOIO:** as mãos e a bola.

**NÍVEL:** avançado.

**POSIÇÕES ARTICULARES:**
**Coluna:** cervical: flexão lateral, torácica e lombar: flexão; **Ombros:** abdução bilateral; **Cotovelos:** flexão bilateral; **Punhos:** extensão bilateral; **Quadris:** flexão bilateral; **Joelhos:** flexão bilateral; **Tornozelos:** leve flexão plantar bilateral.

Fig. 066

**POSTURA:** caracol em decúbito dorsal.

**BASE DE APOIO:** as mãos e a bola.

**NÍVEL:** avançado.

**POSIÇÕES ARTICULARES:**
**Coluna:** flexão; **Ombros:** hiperextensão bilateral; **Cotovelos:** extensão bilateral; **Punhos:** extensão bilateral; **Quadris:** flexão bilateral; **Joelhos:** flexão bilateral; **Tornozelos:** leve flexão plantar bilateral.

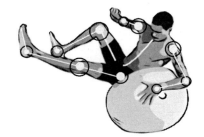

Fig. 067

**POSTURA**: pêndulo na parede

**BASE DE APOIO**: a bola no solo, os pés na parede.

**NÍVEL**: moderado.

**POSIÇÕES ARTICULARES**:
**Coluna**: leve flexão com rotação; **Ombros**: abdução bilateral; **Cotovelos**: flexão bilateral; **Punhos**: leve flexão bilateral; **Quadris**: flexão do direito e flexão com abdução do esquerdo; **Joelhos**: flexão do direito e extensão do esquerdo; **Tornozelos**: leve flexão dorsal do direito e leve flexão plantar com inversão do esquerdo.

Fig. 068

**POSTURA**: vela na parede.

**BASE DE APOIO**: as mãos na parede e a bola no solo.

**NÍVEL**: avançado.

**POSIÇÕES ARTICULARES**:
**Coluna**: cervical: em flexão; coluna torácica e lombar: em posição neutra. **Ombros**: flexão bilateral com leve abdução; **Cotovelos**: flexão bilateral; **Punhos**: extensão bilateral; **Quadris**: extensão bilateral; **Joelhos**: extensão bilateral; **Tornozelos**: flexão plantar bilateral.

Fig. 069

**POSTURA:** flexora.

**BASE DE APOIO:** borda da prancha e a bola.

**NÍVEL:** básico.

**POSIÇÕES ARTICULARES:**
**Coluna:** flexão; **Ombros:** flexão bilateral; **Cotovelos:** extensão e supinação bilateral; **Punhos:** leve extensão bilateral; **Quadris:** flexão bilateral; **Joelhos:** extensão bilateral; **Tornozelos:** flexão dorsal bilateral

Fig. 070

**POSTURA:** grabbing edge.

**BASE DE APOIO:** a bola.

**NÍVEL:** avançado.

**POSIÇÕES ARTICULARES:**
**Coluna:** flexão; **Ombros:** flexão bilateral; **Cotovelos:** extensão bilateral; **Punhos:** extensão bilateral; **Quadris:** flexão máxima bilateral; **Joelhos:** flexão bilateral; **Tornozelos:** flexão dorsal bilateral

Fig. 071

**POSTURA:** grab rail

**BASE DE APOIO:** a bola, os pés e um dos joelhos (prancha).

**NÍVEL:** básico

**POSIÇÕES ARTICULARES:**
**Coluna:** leve flexão; **Ombros:** posição neutra do direito e leve abdução do esquerdo; **Cotovelos:** leve flexão bilateral; **Punhos:** leve extensão bilateral; **Quadris:** flexão bilateral; **Joelhos:** flexão bilateral com rotação externa do direito e rotação interna do esquerdo; **Tornozelos:** leve flexão dorsal do esquerdo, eversão do direito.

Fig. 072

**POSTURA:** air grab egde.

**BASE DE APOIO:** a bola, uma das mãos.

**NÍVEL:** avançado.

**POSIÇÕES ARTICULARES:**
**Coluna:** leve flexão, flexão lateral; **Ombros:** flexão do esquerdo e abdução horizontal do direito; **Cotovelos:** flexão do direito e extensão do esquerdo; **Punhos:** extensão do direito e neutra do esquerdo; **Quadris:** flexão bilateral com leve abdução do esquerdo; **Joelhos:** flexão com rotação externa do direito e extensão do esquerdo; **Tornozelos:** leve flexão dorsal do esquerdo, eversão do direito.

Fig. 073

**POSTURA:** aéreo com a mão na borda e sem a mão na bola.

**BASE DE APOIO:** a bola.

**NÍVEL:** avançado.

**POSIÇÕES ARTICULARES:**
**Coluna:** flexão; **Ombros:** hiperextensão do esquerdo e o flexão do direito; **Cotovelos:** extensão com pronação bilateral; **Punhos:** leve extensão bilateral; **Quadris:** flexão bilateral; **Joelhos:** flexão bilateral; **Tornozelos:** flexão dorsal bilateral

Fig. 074

**POSTURA:** cut back.

**BASE DE APOIO:** a bola e prancha.

**NÍVEL:** básico.

**POSIÇÕES ARTICULARES:**
**Coluna:** rotação; **Ombros:** hiperextensão do direito e flexão do esquerdo; **Cotovelos:** flexão bilateral; **Punhos:** leve extensão bilateral; **Quadris:** flexão bilateral; **Joelhos:** leve flexão direito e flexão com rotação externa do esquerdo; **Tornozelos:** eversão do esquerdo e inversão do direito.

O próximo tópico a ser abordado será "Músculos", assunto de grande valor para o entendimento dos movimentos na bola. São os músculos do tipo esqueléticos, mencionado no livro, responsáveis pela produção do movimento corporal voluntário e por esse motivo foi introduzida uma breve revisão para facilitar o raciocínio do leitor.

## 5.3 MÚSCULOS

Todas as funções físicas do corpo implicam atividade muscular. Essas funções incluem os movimentos do esqueleto, contração do coração, contração dos vasos sanguíneos, peristaltismo do intestino e muitos outros (GUYTON, 1993).

O sistema muscular é formado pelos músculos esqueléticos (Fig. 75, 76, 79, 80, 81, 82 e 83), cardíacos e lisos, além dos elementos anexos (tendões, fáscias, aponeuroses, vasos sanguíneos e fibras nervosas). O tecido muscular é responsável pela força de contração e distensão de suas células, em que os elementos anexos irão formar um sistema de alavancas para auxiliar a movimentação dos membros e das vísceras. O corpo humano é composto de aproximadamente 40% de músculo esquelético, que é o principal responsável pela conversão de energia química (potencial) em energia cinética (movimento). Os músculos esqueléticos estão revestidos por uma lâmina delgada, o perimísio ou, como é conhecido fáscia, que se estende no interior do músculo como septo de espessura menor, o endomísio dos quais se derivam os compartimentos menores. Esses compartimentos são os fascículos cada um contendo um número de fibras ligadas ao endomísio (GUYTON, 1993).

Neste livro iremos citar de forma breve apenas os músculos esqueléticos porque são eles os responsáveis para os movimentos voluntários e ativos realizados com o uso da bola.

## MÚSCULOS DO TRONCO

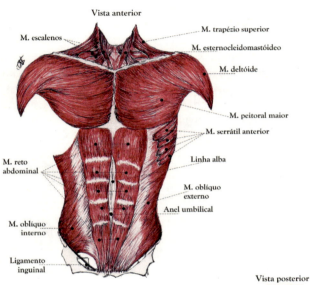

Fig. 075

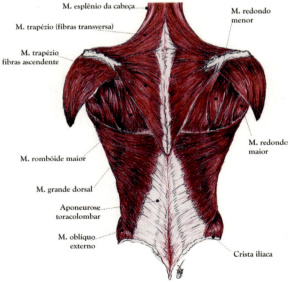

Fig. 076

Para o esqueleto realizar um movimento, os músculos precisam realizar determinadas contrações musculares que são divididas em contrações isométricas ou estáticas e isotônicas ou dinâmicas, a depender do trabalho realizado.

## As contrações Isométricas ou Estática

Ocorre quando se desenvolve tensão dentro do músculo, mas não ocorre alteração apreciável no ângulo articular nem no comprimento muscular, sendo também conhecida como contração estática. A força desenvolvida pelo músculo é igual à resistência (THOMPONS; FLOYD, 2002, p. 17) Ex.: (Fig. 77).

Fig. 077

## As contrações Isotônicas ou Dinâmicas

Fig. 078

Ocorre quando se desenvolve tensão no músculo enquanto ele se alonga ou se encurta; é também conhecida como contração dinâmica e pode ser classificada com concêntrica ou excêntrica. A força desenvolvida pelo músculo é maior ou menor do que a resistência (THOMPONS; FLOYD, 2002, p. 17). (Ex.: Fig. 78).

Contração do tipo isotônica, estão presentes as contrações concêntricas e excêntricas. O músculo diafragma, represenentado na Fig. 79, é um exemplo de músculo que realiza esse tipo de contração.

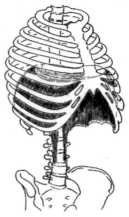

Fig. 079

## Concêntrica

É quando o músculo realiza uma tensão e há uma diminuição no seu comprimento, fazendo com que essa força aplicada seja contra a gravidade ou contra a resistência conhecida como força positiva (THOMPONS; FLOYD, 2002).

## Excêntrica

É quando o músculo realiza uma tensão e há um aumento no comprimento, ou seja, há um alongamento dele, fazendo com que essa força aplicada seja a favor da gravidade ou da resistência. Essa tensão é diminuída gradualmente para controlar o movimento e é conhecida também como contração negativa (HARRIS, 2002).

# PAPEL DOS MÚSCULOS

**AGONISTAS:** é o músculo que está se contraindo de forma concêntrica, vencendo a resistência, sendo ele o principal músculo na realização de um movimento.

**ANTAGONISTA**: é o músculo que realiza a função contrária ao agonista, resultando no aumento do seu tamanho, controlando o movimento de forma excêntrica, em que o torque da força externa vence o torque de força muscular.

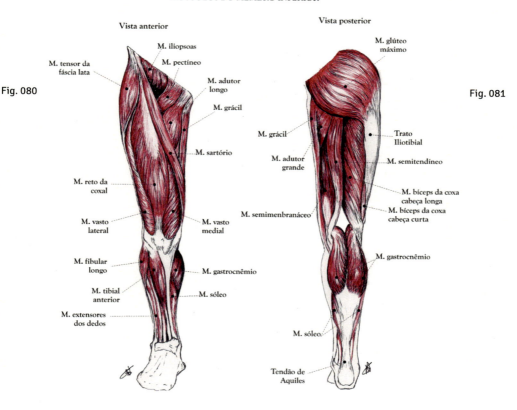

Fig. 080 / Fig. 081

## ACESSÓRIOS

São músculos que indiretamente trabalham na realização de um movimento, sendo divididos em:

**ESTABILIZADORES:** músculos que estabilizam um segmento do corpo para que outro músculo que está ativo tenha uma base firme e possa executar sua função.

**SINERGISTAS:** é a interação simultânea das ações de todos os músculos envolvidos no movimento.

**NEUTRALIZADORES:** é quanto o musculo entra em ação com o objetivo de anular as ações dos agonistas.

A interação desses diversos papéis dos músculos é notada quando realizados exercícios com a bola, tendo em vista por ela ser um objeto instável sem uma base de apoio fixa, o que demanda uma interação entre todas essas funções já abordadas acima.

## MÚSCULOS MONOARTICULARES, BIARTICULARES E MULTIARTICULARES.

**Monoarticular** – são músculos no qual sua origem e inserção cruzam e atuam em apenas uma articulação.

Exemplo: vasto medial, vasto lateral, vasto intermédio (Fig. 80), peitoral maior (Fig. 75 e Fig. 82), redondo maior, redondo menor (Fig. 83), sóleo (Fig. 80 e Fig. 81) (NEUMANN, 2005).

**Biarticular** – são músculos no quais sua origem e inserção cruzam e atuam em duas articulações. Exemplo: reto da coxa (Fig. 80), gastrognêmio (Fig. 81), tríceps (Fig. 83), bíceps do braço (Fig. 82).

**Multiarticular** – a origem e inserção do músculo cruzam e atuam em três ou mais articulações. Exemplos: eretores da espinha, esplênios, trapézio (Fig. 76), romboides, grande dorsal (Fig. 76) dentre outros.

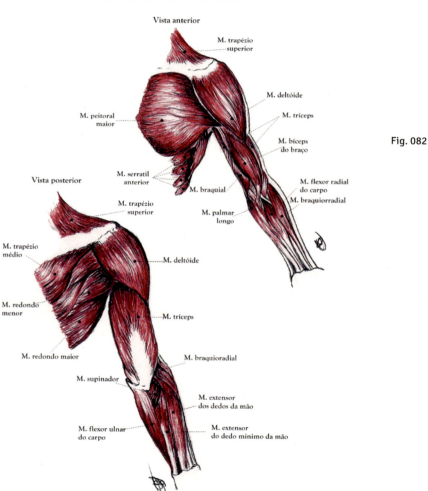

MÚSCULOS DO MEMBRO SUPERIOR

Fig. 082

Fig. 083

# TIPOS DE FIBRAS

Referente aos tipos de fibras, os músculos do corpo humano são compostos de uma mistura de fibras musculares rápidas e outras lentas. Os músculos que reagem rapidamente são compostos principalmente de fibras rápidas. Inversamente, os músculos que respondem lentamente ao estímulo de contração prolongada são compostos principalmente de fibras lentas.

A fibra do músculo esquelético é classificada segundo a intensidade e duração da contração que ele produz. As fibras musculares do tipo I (contração lenta) produzem contração de baixa intensidade, mas, pelo fato de usarem o sistema de energia aeróbica, as contrações podem ser mantidas por um longo período de tempo. Como elas demoram para entrar em fadiga, essas fibras predominam nos músculos posturais (por exemplo, os músculos eretores da espinha e os do grupo quadríceps femoral) (Fig. 80). As fibras musculares do tipo II (contração rápida) usam, principalmente, o sistema de energia anaeróbica e produzem contrações de alta intensidade e de curta duração. Essas fibras, capazes de gerar uma grande quantidade de força em um período curto de tempo são predominantes nas contrações explosivas do músculo. As fibras do tipo II são subdivididas em tipo II-B, que são totalmente anaeróbicas, e tipo II-A, que possuem características das fibras do tipo I e II (STARKEY, 2001, p. 7).

## NOMENCLATURA DOS MÚSCULOS ESQUELÉTICO

Cada músculo traz uma nomenclatura, e na maioria das vezes essa terminologia diz muito sobre ele. A nomenclatura tende a seguir algumas categorias como: localização, forma, número de divisão ou cabeças, fixações origem/inserções, direções das fibras e tamanho do músculo. Exemplo disso é o músculo tibial anterior (Fig. 80), como o próprio nome indica, ele está localizado na superfície anterior da tíbia. O esternocleidomastoideo (Fig. 75) une os ossos do esterno, clavícula e mastoide. Peitoral maior (Fig. 75 e 82) e menor indicam que um é maior e o outro é menor, embora esses dois músculos estejam na mesma área (LIPPER, 1996).

## Características funcionais do músculo

Os músculos apresentam propriedades específicas como contratilidade, elasticidade, extensibilidade e irritabilidade. Nenhum tecido do corpo incorpora todas essas propriedades.

A contratilidade é a habilidade do músculo de se contrair ou encurtar produzindo assim uma tensão entre as extremidades. A elasticidade é a capacidade de encolher ou retornar ao seu tamanho inicial de repouso quando a força é removida. A extensibilidade é a capacidade do músculo de se alongar quando uma força é aplicada. A irritabilidade é a habilidade do músculo a responder a estímulos (LIPPER, 1996).

O próximo tema abordado traz uma breve revisão da cinesioterapia cujo objetivo é demonstrar para o leitor o quanto o método Samiball® pode ser usado como uma ferramenta da cinesioterapia, já que utiliza o movimento como forma de tratamento.

# 5.4 CINESIOTERAPIA

Nos anos de 4000 a.C. a 395 d.C. o movimento corporal era empregado, pelos sacerdotes, como forma de cura para algumas disfunções já estabelecidas e instaladas. No final da Idade Média e no início do Renascimento, as belezas do corpo começaram a ser mais apreciadas e nesse mesmo período, o exercício físico era ligado à beleza física, gerando assim uma preocupação com o corpo. Como o movimento humano estava sendo muito valorizado, na Grécia Antiga, o filósofo Aristóteles (384 a.C.) já descrevia a ação dos músculos, e reabilitação pelo movimento, ficando conhecido como o "Pai da Cinesiologia" (SANCHEZ, 1994; CRUZ, 2003).

Cinesioterapia está registrada em literaturas da China referindo a cura pelo movimento desde o ano de 2.698 a.C, que envolve a utilização de exercícios corporais voluntários e repetitivos como meio de tratamento que se baseia nos conhecimentos da anatomia, fisiologia e biomecânica, a fim de proporcionar ao paciente um melhor e eficaz trabalho de prevenção, cura e reabilitação (AMARO, 2001; CRUZ, 2003).

Tais exercícios corporais são classificados como estéticos, desportivos e terapêuticos. Estes últimos têm como objetivo manter, corrigir e/ou recuperar uma determinada função, ou seja, restaurar a função normal e manter o bem-estar. Sua principal finalidade é a manutenção ou desenvolvimento do movimento livre para a função. Seus efeitos baseiam-se no desenvolvimento, restauração e manutenção da força, resistência à fadiga, mobilidade e flexibilidade, relaxamento, coordenação e equilíbrio (KISNER; COLBY, 2005).

Na Grécia e na Roma Antiga foram realizados os primeiros estudos utilizando os exercícios terapêuticos, porém só a partir da I Guerra Mundial que houve um aumento marcante do uso desta modalidade para reabilitação (CRUZ, 2003).

Hoje, esses exercícios terapêuticos são utilizados na fisioterapia e buscam alcançar, por intervenção de metodologias e técnicas próprias baseadas na utilização terapêutica dos movimentos e dos fenômenos físicos e químicos, uma melhor qualidade de vida para o cidadão, frente às disfunções intercorrentes (COFFITO 1969 *apud* CRUZ, 2003).

Esses exercícios terapêuticos são considerados um elemento central na maioria dos planos de assistência da fisioterapia com a finalidade de aprimorar a função e reduzir uma incapacidade. Sua indicação é bastante criteriosa, necessitando de avaliação para traçar objetivos e estratégias, além de reavaliações frequentes visando à atualização junto à progressão do paciente em consequência da necessidade de correções ao programa inicial até atingir o potencial de recuperação esperado (CRUZ, 2003).

Em meio às técnicas de cinesioterapia podemos citar alguns tipos de exercícios terapêuticos: exercícios ativos livres, ativos assistidos e passivos. Esses podem ser realizados em: exercícios respiratórios, exercícios de alongamento (Fig. 85), exercícios de condicionamento (Fig.86), exercícios de coordenação, exercícios de equilíbrio e exercícios posturais. (Fig. 84 e 87).

Fig. 084 equilíbrio

Fig. 085 alongamento

Fig. 086 coordenação e condicionamento

Fig. 087 postural

O tratamento fisioterapêutico por meio da cinesioterapia pode ser favorecido utilizando diversos recursos da mecanoterapia. A mecanoterapia é uma das partes da terapia física que envolve uso de procedimentos, dispositivos e equipamentos de natureza mecânica com a finalidade de desenvolver a força, resistência, melhorar a amplitude de movimento, permitir tração ou pressão, equilibrar as forças e mobilizar segmentos corporais, além de monitorização dos procedimentos durante a terapia (DOMBOVY, 1986).

Tais aparelhos como bola suíça, rolos, elástico Thera-Band, halteres, barra de Ling, prancha ortostática, tábua de quadríceps, quadro balcânico, cadeira de Bonet, leg press, bicicleta estacionária, esteira ergométrica, barra paralela, escada progressiva, rampa, pranchas de equilíbrio, cama elástica, balancim, mesa de RPG, Voldyne, triflo, flutter e peak flow são recursos disponíveis para o tratamento fisioterapêutico. Neste livro foi abordado apenas o primeiro recurso, a bola suíça.

O próximo assunto mencionado a seguir é referente a aplicação do método Samiball® na cinesioterapia com a finalidade de demonstrar ao leitor que o método foi aplicado com a intenção terapêutica para desenvolver, tratar e trabalhar as capacidades física dos alunos e pacientes.

# CAPÍTULO 6

## MÉTODO SAMIBALL®: APLICAÇÃO NA CINESIOTERAPIA

Foi no ano de 2009 que comecei a aplicar o método Samiball® na forma de cinesioterapia. Ainda como estudante de Fisioterapia e preocupado com a relação da postura e a saúde dos meus pais (Fig. 88 – antes acima e depois abaixo), pensei em ensinar alguns movimentos da minha experiência para eles focado no trabalho postural. Sob a orientação e supervisão da Prof.ª Dr.ª Rose. Quando selecionei alguns movimentos e ensinei aos meus pais, veio-me o interesse de passar, também, a alguns amigos que são praticantes de surf (Fig. 89).

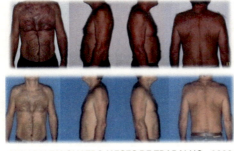

Fig. 088

MEU PAI EM QUATRO MESES DE TRABALHO - 2009

Fig. 089

Também no mesmo ano tive a oportunidade de trabalhar e ajudar algumas as mães dos pacientes em um projeto da universidade, com foco no trabalho postural (Fig. 90). Também trabalhei com uma paciente que teve queimadura em seu corpo (tronco, abdome, coxas e braço) ainda quando criança. Essa paciente fazia uso de medicamentos para inibir o crescimento e diminuir as dores. No estágio da Universidade iniciei as primeiras sessões, com o objetivo de melhorar a mobilidade e flexibilidade do tronco, principalmente das regiões acometidas pela cicatriz. Fizemos uma avaliação e apliquei o teste do terceiro dedo ao solo com o objetivo de mensurar a flexibilidade da cadeia posterior. Fizemos mais de 30 sessões e obtivemos bons resultados. Transferi essa paciente para a Avosos para se juntar aos outros pacientes da Casa de apoio Tia Ruth uma ONG (Fig. 91). Lá, iniciei o projeto "Gingando na bola", com a finalidade de desenvolver o meu trabalho de conclusão de curso (Fig. 92 a/b).

Esse projeto foi realizado na casa de apoio Tia Ruth – Avosos (Associação dos Voluntários a Serviço da Oncologia em Sergipe), inicialmente com pacientes de câncer, anemia falciforme e disfunção dermatológica, todos clinicamente estáveis e em fase de observação com o objetivo de melhorar o condicionamento, a flexibilidade, o equilíbrio e a coordenação motora a fim de melhorar a qualidade de vida.

Sob orientação da Prof.ª Rose Dantas, os pacientes foram encaminhados para uma avaliação fisioterapêutica pré-sessão contendo questionário de qualidade de vida, teste de seis minutos na esteira, avaliação postural e respiratória (utilizando PeakFlow), teste de flexibilidade por meio do 3º dedo solo, goniometria, cirtometria, dobras cutâneas e teste de equilíbrio.

Com o passar das aulas fui ensinando diversas técnicas que vão desde exercícios respiratórios do yoga (pranayamas) e exercícios de alongamento até os movimentos do Samiball adaptado à capoeira. Havia todo um acompanhamento, observando a evolução a partir da progressão dos movimentos ensinados e das reavaliações realizadas. As sessões foram ficando cada vez mais interativas entres os pacientes ao ponto de realizarmos jogos de capoeiras com bola baseado no

Samiball, acompanhados de som para facilitar o ritmo dos movimentos. Com essa ação do projeto Gingando na Bola, surgiram novos convites para novas apresentações. Fomos apresentar na 20.ª Semana de Fisioterapia em uma Universidade (Fig. 92 a) e no III Workshop de Combate ao Câncer Infanto-Juvenil (Fig. 92 b).

Depois da aplicação desse projeto gingando na bola, cheguei à conclusão que o método Samiball® pode se enquadrar na cinesioterapia, todavia apenas pacientes que oferecem compatibilidade em suas condições físicas poderão fazer as atividades propostas, e estas devem ser regulares, fazendo com que o esforço progrida lentamente. Os fisioterapeutas capacitados devem monitorar a medida adequada quanto ao esforço físico. O resultado desse projeto foram três publicações em artigos científicos no ano de 2011. Nas páginas seguintes estão os resumos de dois artigos publicados.

Fig. 090

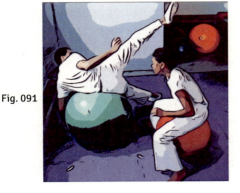
Fig. 091

Fig. 92a

Fig. 92b

# ARTIGOS CIENTÍFICOS:

## Efeito do método Samiball® na flexibilidade e expansibilidade em vítima de queimadura: relato de caso

### RESUMO

Objetivo: avaliar o efeito do método Samiball® na flexibilidade e na expansibilidade em vítima de queimadura. Relato do Caso: paciente do gênero feminino, 18 anos, vítima de trauma térmico por incineração das vestes. Apresenta cicatrizes extensas na face anterior, lateral e posterior do tronco, limitando esses movimentos e diminuindo expansibilidade torácica. O trabalho foi aprovado pelo Comitê de Ética e Pesquisa da Universidade Tiradentes (SE) e se desenvolveu na Associação dos Voluntários a Serviço da Oncologia em Sergipe (Avosos) durante 30 sessões de 60 minutos, três vezes por semana. Foram realizados teste 3° dedo-solo, goniometria lombar e toracometria. O protocolo fisioterapêutico foi dividido em aquecimento, condicionamento e relaxamento. Resultados: na primeira avaliação, o resultado do teste dedo-solo foi de 18 cm, já na segunda avaliação, o valor passou para três cm e, na última avaliação, para 0 cm, tocando o 3° dedo-solo. Na goniometria lombar para flexão, o valor passou de 64° para 98°. Para extensão lombar, passou de 30° inicialmente para 34° ao final. Na flexão lateral direita, passou de 14° antes para 30° após o tratamento, enquanto na flexão lateral esquerda, 20° no início e 28° ao final. O coeficiente axilar passou de 4,5 cm para 5,0 cm, enquanto o coeficiente xifoide de 4,0 cm para 5,0 cm, e o basal, de 2,5 cm para 4,5 cm. Conclusão: a proposta terapêutica pelo Método Samiball® foi eficaz, aumentando a expansibilidade torácica e a flexibilidade da lombar e da cadeia posterior.

Fonte: REVISTA BRASILEIRA DE QUEIMADURA. v. 10, p. 71-74, 2011.

# Efeito do método Samiball® na Frequência Cardíaca e na Performance de Pacientes com a Anemia Falciforme: relato de Casos

## RESUMO

A anemia falciforme é uma doença de caráter hereditário, manifestado por hipóxia, crises dolorosas, febre e fadiga. O método Samiball® foi desenvolvido por Sammir Vieira Melo, adaptando movimentos do yoga, dança e capoeira na bola suíça. O objetivo deste estudo foi avaliar o efeito desse método sobre a frequência cardíaca e a performance em pacientes com anemia falciforme. Trata-se de estudo descritivo do tipo relato de caso com dois pacientes do gênero masculino com idades entre 18 e 21 anos durante 30 sessões de 60 minutos, três vezes por semana. Na avaliação inicial realizou-se um questionário e, após ele, os pacientes foram avaliados por meio do teste de caminhada de seis minutos na esteira. Durante o teste foram mensurados FC, PA e nível de dispneia (Escala de Borg Modificada). O tratamento dividiu-se em aquecimento, condicionamento e relaxamento. Os resultados foram analisados no Excel 2007 e mostraram que a FC de repouso diminuiu de 95,5 bpm para 75 bpm após o tratamento. A Escala de Borg passou de moderado para muito leve e a velocidade aumentou de 5 km/h para 6,25 km/h. A média da distância percorrida passou de 450 m para 495 m. Pacientes falcêmicos apresentam baixo desempenho para atividade física, o que limita muitos profissionais em prescrever exercícios. Conclui-se que o método Samiball® promoveu diminuição da FC de repouso pós-tratamento e melhora da performance.

Palavras-chave: Bola Suíça; Cinesioterapia; Exercício Físico.

Fonte: REVISTA BRASILEIRA DE PRESCRIÇÃO E FISIOLOGIA DO EXERCÍCIO, v. 5, p. 446-452, 2011.

# CAPÍTULO 7

## MÉTODO SAMIBALL®: A INFLUÊNCIA DOS ESPORTES COM PRANCHA: SURF E KITESURF

Após a minha fase acadêmica, já como fisioterapeuta, comecei a criar e aplicar em alguns amigos os exercícios na bola para os esportes, especificamente no surf e no kitesurf.

Fig. 093

Minha experiência com esses dois esportes vem de alguns anos (Fig. 93, 95 e 99), quando iniciei no surf tinha apenas 13 anos, foi um dos esportes que mais me fascinei quando experimentei e a partir daí nunca mais parei. Acho que devido à ligação com o oceano e a natureza fui cada vez mais me encantando com esse esporte, apesar de que à época, em 1993, esse esporte ser muito marginalizado e não ser bem-

Fig. 094

visto e aceito pela sociedade, tendo resistência até da minha família, isso não foi motivo para desistir e me deu mais força para continuar nesse esporte que engloba diversos fatores e elementos da natureza.

No início o surf era uma espécie de diversão e descoberta. Praticava pelo simples fato de estar deslizando sobre as ondas e está em contato com a natureza e com os amigos. Aos poucos esse esporte foi se tornando um estilo de vida. Como nunca fui competitivo, surfava pelo simples prazer. Meu foco era sempre surfar e trabalhar o meu corpo para que na hora do surf eu conseguisse ir mais além, seja na remada, na performance, na força e no equilíbrio. Acredito que esse foi um dos motivos para o desenvolvimento e criação de alguns movimentos na bola.

Fig. 095  Fig. 096

Hoje em dia alguns profissionais da saúde já estão sugerindo o surf como uma forma de terapia ou de atividade física por envolver múltiplos aspectos que vão desde o trabalho corporal gerado pelos exercícios propriamente ditos do surf, que são a remada ou natação, equilíbrio deitado e em pé sobre a prancha, movimentos combinados do tronco, pernas e braços, como também o trabalho mental por envolver as emoções e sentimentos como medo, autoconfiança e felicidade, tudo isso conectada ao mar e a natureza geradas pela prática desse esporte.

Portanto, a influência do surf com o método Samiball® se deu em minha capacidade de trabalhar os exercícios na bola e trazer alguns movimentos do esporte adaptado a bola com o objetivo de simular e treinar os movimentos, exemplos de posturas e movimentos similares estão representados nas Figuras (94, 96, 98, 100, 101, 103 e 104) e melhorar algumas capacidades físicas como flexibilidade, equilíbrio, coordenação, dentre outras.

Fig. 097   Fig. 098

O outro esporte que teve grande influência no Samiball foi o kitesurf. Comecei a praticar o esporte quando tinha 34 anos (Fig. 99), esse esporte é relativamente novo quando comparado ao surf.

Fig. 099   Fig. 100

Os equipamentos para a prática de kite envolve pipas infláveis. Os outros equipamentos são a barra, o trapézio e a prancha. Existem dois tipos de prancha: as direcionais, ou seja, convencionais, tem o outline de pranchas de surf, mas que sofreram algumas alterações e as bidirecionais, frequentemente similares as de wakeboard, sendo mais finas ou grossas a depender da finalidade.

Eu iniciei no kite porque na cidade onde moro sofre grandes influências dos ventos. Como sou um rapaz hiperativo pensei que seria uma segunda opção de prática de esporte ligada ao mar e por esse motivo entrei no kite. Como já estava com uma idade mais avançada, 34 anos, enxerguei na bola uma nova opção de treinamento para antecipar e facilitar o meu aprendizado (Fig.100 e 101). Com isso comecei algumas práticas com a bola e a prancha e logo vi a semelhança em algumas posturas (Fig.102 e 103).

 Fig. 101

O DESPERTAR DO MOVIMENTO NA BOLA - MÉTODO SAMIBALL® E SUAS RAMIFICAÇÕES

Fig. 102

Fig. 103

    A partir dessas experiências com esses dois esportes adaptei alguns movimentos fazendo o uso da bola e de uma prancha. A prancha usada nessa nova criação foi a de kitesurf por ser menor e apresentar um encaixe para os pés. Com isso consegui realizar e combinar alguns movimentos do kite e do surf para a bola, como uma espécie de simulação dos movimentos, no qual as posturas se assemelham biomecanicamente e o objetivo é possibilitar uma vivência similar das posturas do kite e do surf na bola para que sejam praticadas fora da água a fim de trabalhar a memória muscular e posições articulares para serem desenvolvidas as capacidades físicas do indivíduo.

Fig. 104

## 3 POSTURAS DIFERENTES:

**Postura de flexão**   **Postura de extensão**   **Equilíbrio**

Fig. 105         Fig. 106         Fig. 107

## DESENCAIXE DO PÉ (Para frente e para trás) EM DECÚBITO LATERAL:

Fig. 108

# CAPÍTULO 8

# MÉTODO SAMIBALL®: CONCEITOS E MATURAÇÃO

Por meio dessas experiências trabalhando com a bola suíça, seja na forma de arte ou na saúde para a reabilitação, prevenção, treinamento e nos esportes, comecei a dar mais forma ao Samiball.

Primeiramente identifiquei quatro posições primárias (Fig. 109 a 112). O método Samiball® oferece *quatro posições básicas*, todas elas já existentes só que denominadas como **posições primárias** porque todas as outras posições derivam delas.

## 1. Sentado:

O praticante fica sentado (Fig. 109) sobre a bola com os joelhos e o quadril flexionados a 90°. A coluna fica ereta, os braços ao longo do corpo ou abduzidos horizontalmente e os cotovelos flexionados. Variação com um dos membros com o joelho estendido (Fig. 155). Os ísquios são as partes do corpo que estão em contato com a bola, a base de apoio são os dois pés e a bola.

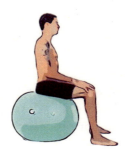

Fig. 109

## 2. Costas:

O praticante fica com a coluna ereta ou com uma leve flexão em contato com a bola (região torácica e lombar). Os joelhos flexionados totalmente e o quadril em flexão de 90°, os braços em posição neutra. O dorso é a região do corpo que está em contato com a bola e a base de apoio são os dois pés e a bola.

Fig. 110

## 3. Peito:

O praticante fica com a região do peito encostada na bola e com o glúteo em contato com a face posterior da perna fazendo uma flexão plantar. Joelhos apresentam flexão total e o quadril em flexão de aproximadamente 90° com uma leve flexão do tronco. Flexão do braço, cotovelo estendido ou leve flexão, extensão do punho encostando a palma da mão no solo. Pode ocorrer uma variação com o quadril e joelhos estendidos (Fig. 185). A região anterior do tronco está em contato com a bola e a base de apoio é a bola, a face anterior da perna quando o joelho está fletido e as mãos, quando o joelho está estendido, tornam-se mais uma base de apoio.

Fig. 111

## 4. Joelho:

O praticante encosta a face anterior da perna na bola e os joelhos e quadril em flexão. O tronco apresenta uma leve flexão com ombros em flexão, cotovelo estendido e punho em extensão com a palma da mão no chão para servir de apoio. Coluna cervical em extensão ou flexão para descanso. Pode ocorrer uma variação com o quadril e os joelhos em extensão (Fig. 202). A face anterior da coxa está em contato com a bola suíça e a base do apoio são as mãos e a bola no solo.

Fig. 112

## 8.1 OBJETIVOS DO MÉTODO

Inicialmente, o objetivo do método Samiball® foi criar performance e coreográficas para serem apresentadas, mas quando direcionado para saúde e aplicado na reabilitação, na prevenção, no treinamento ou nos esportes percebi que desenvolviam e trabalhavam o equilíbrio, flexibilidade, coordenação motora, alinhamento postural, condicionamento físico, força, melhora da mecânica ventilatória, relaxamento e consciência corporal.

Com esses objetivos traçados, percebi que o método englobava duas áreas diferentes: área da Saúde (prevenção, reabilitação, treinamento e esportes) e a área da Arte (dança e lutas). Com isso, desenvolvi alguns fundamentos teóricos: as ramificações, os princípios básicos e as etapas.

## 8.2 RAMIFICAÇÕES DO MÉTODO SAMIBALL®

A ramificação do Samiball na área da Saúde se dá porque o método é composto de diversos movimentos corporais convencionais e exclusivos, de movimentos básicos até os mais avançados, todos realizados ativamente com ação muscular voluntária, ou seja, com contração da musculatura esquelética para produz o movimento. Por isso o método Samiball® pode se enquadrar na cinesioterapia (Terapêutico) e na atividade física (Preventivo e treinamento). De acordo com Carpersen (1985), a atividade física consiste em qualquer movimento corporal produzido pela musculatura do tipo esquelética, resultando em gasto energético acima dos níveis de repouso. Sendo assim o método Samiball® pode ser utilizado como exercício físico ou preparação física, desde que os exercícios propostos sejam orientados por profissional qualificado e siga um planejamento.

Quanto a ramificação ligada à área das Artes, o método Samiball® visa a criar coreografias para performances artísticas com a dança no contato-improviso e com a capoeira utilizando a bola (Fig. 113c), para expressar um experimento, pensamento ou um sentimento.

De acordo com Valerio (2001), se o artista se expressa, está fazendo arte. É por esse motivo que a arte é uma forma indireta de transmitir, expressar e materializar emoções. Ela é indireta porque difere da comunicação pessoal comum, em que podemos nos expressar emocionalmente.

## AS RAMIFICAÇÕES:

**1.ª Ramificação é o Samiball Terapêutico** – (Fig. 113a) que se fundamenta na cinesioterapia e utiliza os exercícios de forma terapêutica. Tem como objetivo desenvolver movimentos livres para a sua função e é direcionada para pessoas que apresentam algum tipo de comprometimento.

**2.ª Ramificação é o Samiball Preventivo/Funcional** – (Fig. 113b) que utiliza exercícios com a finalidade de conservação, preparação, e treinamento do corpo para esportes desde que siga um planejamento estruturado. É utilizado para pessoas que não apresentam nenhum tipo de comprometimento e têm o objetivo de desenvolver as aptidões físicas.

**3.ª Ramificação é o Samiball Arte** – (Fig. 113c) essa modalidade engloba e utiliza as outras duas ramificações citadas anteriormente e visa a criar coreografias para serem utilizadas em performances artísticas.

Fig. 113a     Fig. 113b     Fig. 113c

# 8.3 PRINCÍPIOS BÁSICOS

No método Samiball® estão presentes quatro princípios básicos. O 1° princípio básico é a *respiração*. Esta se faz primordial para o desenvolvimento do 2° princípio, a *concentração*. A partir da interação dos primeiros princípios se dá o aperfeiçoamento do 3° princípio, o *equilíbrio físico* e *mental*. Tal equilíbrio amplia a percepção do indivíduo para o 4° princípio, a *consciência corporal*.

Esses princípios básicos se interligam e formam as cinco etapas do método.

# 8.4 ETAPAS

## 1.ª ETAPA

**RESPIRAÇÃO:** a primeira etapa do método é composta por algumas técnicas respiratórias básicas do *yoga* e adaptadas para o método. Como envolve o trabalho corporal e mental, a prática de respiração no Samiball é uma ferramenta indispensável para o entendimento dos movimentos, pois ela ajuda na centralização da atenção e percepção da consciência corporal.

É indispensável a prática da respiração, seja no início ou no término de toda sessão, qualquer que seja o seu nível. A respiração aliada ao método Samiball® objetiva despertar nos praticantes a atenção para uma respiração correta e para a própria consciência.

## 2.ª ETAPA

**EDUCATIVOS:** os educativos são compostos por exercícios convencionais e exercícios inspirados, adaptados do yoga, capoeira, surf e kitesurf. Todos realizados com o uso obrigatório da bola suíça, a fim de desenvlver os potenciais do corpo. Esses exercícios vão do básico, moderado até o avançado. São usados tanto para a reabilitação quanto para prevenção e treinamento, entretanto os avançados envolvem movimentos mais complexos que só os pacientes/alunos que apresentam boas condições físicas poderão fazer.

## 3.ª ETAPA

**TRANSIÇÕES:** a terceira etapa foi denominada de transições por envolver movimentos que interligam uma posição à outra posição tendo como finalidade a comunicação entre as posições sem que haja perda do contato do corpo com a bola suíça. Esses movimentos complexos são feitos de forma tridimensional, realizados em todos os planos e eixos do corpo. Geralmente as transições são usadas na ramificação do método Samiball® Arte.

## 4.ª ETAPA

**SEQUÊNCIAS:** a quarta etapa do método contempla as sequências, sendo estas um conjunto sequenciado de posições feitas em um determinado tempo originando um só movimento. Com o objetivo de fazer com que o praticante comece a ligar uma posição à outra.

## SEQUÊNCIA BÁSICA

Analisando biomecanicamente as 11 posturas da Saudação ao Sol do yoga adaptado para a bola do Samiball (Fig. 114), podemos observar que os movimentos também só ocorrem nos planos sagital e frontal, ficando de fora o plano transverso, pois essa sequência não apresenta nenhum movimento de rotação do esqueleto axial.

Fig. 114

**1.ª Postura** – Fig. 115: o praticante fica em posição ortostática e coluna ereta com as mãos unidas a frente do peito e com a bola encostada na região anterior e medial da perna precionando-a, realiza uma leve contração do abdome e do assoalho pélvico. É importante lembrar de fazer toda a prática com essa contração do abdome.

Análise dos músculos da 1ª postura: Posição inicial – transverso do abdome (isometria), eretores da espinha e paravertebrais. Membros inferiores: sóleo, gastrocnêmio e glúteo médio (pelo apoio da posição ortostática, semelhante a última postura da sequência).

Fig. 115

**2.ª Postura** – Fig. 116: faz uma abdução do ombro encostando as palmas das mãos em cima da cabeça e estende a cervical olhando para cima.

Análise dos músculos da 2.ª postura: alongamento dos extensores do ombro, dos músculos que fazem a rotação para baixo da escápula e dos flexores do pescoço (região anterior).

Fig. 116

**3.ª Postura** – Fig. 117: expira e realiza uma flexão da coluna e do quadril (inclinando braços e tronco para frente), gerando uma tensão de toda a cadeia muscular posterior. Encosta os dedos na bola ou no solo, olha para baixo com a testa em contato com a bola.

Fig. 117

Análise dos músculos da 3.ª postura: alongamento do tríceps sural, isquiostibias, eretores da espinha, multífidos e paravertebrais.

**4.ª Postura** – Fig. 118: inspira e realiza uma extensão do tronco superior deixando a coluna alinhada, joelhos estendidos, e transverso do abdome contraído.

Fig. 118

Análise dos músculos da 4.ª postura: alongamento dos isquiotibiais e dos tríceps sural e fortalecimento dos extensores da coluna.

**5.ª Postura** – Fig. 119: região anterior da coxa em contato com a bola e mãos no solo. Praticante permanece em extensão neutra da coluna sustentando o tronco e realizando uma flexão do cotovelo aproximando o tórax do solo.

Fig. 119

Análise dos músculos da 5.ª postura: fortalecimento dos músculos da coluna e da cintura escapular e dos flexo-extensores do ombro e cotovelo; alongamento passivo dos flexores do punho.

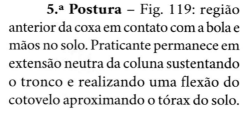

**6.ª Postura** – Fig. 120: praticante realiza uma flexão do ombro com uma extensão do cotovelo e tronco empurrando a bola para trás encostando a região do abdome.

Análise dos músculos da 6.ª postura: alongamento dos músculos que realizam a flexão da coluna, principalmente reto do abdome e fortalecimento dos glúteos e extensores da coluna.

Fig. 120

**7.ª Postura** – Fig. 121: inspira e eleva o quadril realizando uma flexão do ombro, encostando os pés no solo e olhos em direção aos joelhos mas permanecedo com a coluna toda alinhada, (a bola pode dificultar um pouco o alinhamento da cervical), tentado encostar os calcanhares na solo, enquanto o tronco e a cabeça permanecem abaixados.

Análise dos músculos da 7.ª postura: alongamento dos extensores do ombro, extensores dos quadris e o tríceps surais

Fig. 121

**8.ª Postura** – Fig. 122: inspira e realiza uma extensão da coluna deixando-a alinhada e com os joelhos estendidos, com o transverso do abdome contraído.

Análise dos músculos da 8.ª postura: alongamento dos isquiotibiais e do tríceps surais e fortalecimento dos extensores da coluna.

Fig. 122

**9.ª Postura** – Fig. 123: expira e realiza uma flexão da coluna e do quadril (inclinando braços e tronco para frente) gerando uma tensão da toda a cadeia muscular posterior. Encosta os dedos na bola ou no solo, olha para baixo com a testa encostada na bola.

Fig. 123

Análise dos músculos da 9.ª postura: alongamento dos extensores do ombro, extensores dos quadris e tríceps sural.

**10.ª Postura** – Fig. 124: faz uma abdução do ombro, encostando as palmas das mãos em cima da cabeça e estende a cervical olhando para cima.

Análise dos músculos da 10.ª postura: alongamento dos extensores do ombro, músculos que fazem a rotação para baixo da escápula e dos flexores do pescoço (região anterior).

Fig. 124

## 5.ª ETAPA:

**COREOGRAFIA:** a quinta e última etapa são as coreografias formadas por um conjunto de várias sequências, derivado das posições primárias que utiliza as *transições* para conectar uma sequência à outra. Resulta em um movimento contínuo, criando uma conexão harmoniosa. Utiliza músicas para dar o ritmo, resultando em uma arte sobre a bola, expressa pela capoeira ou pela dança.

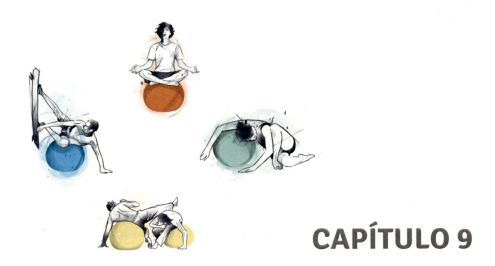

# CAPÍTULO 9

# MÉTODO SAMIBALL®: UMA REFLEXÃO SOBRE A CRIAÇÃO DO MÉTODO

Com essas pesquisas baseadas no empirismo, pude entender que todas as minhas fontes inspiradoras são apreciadas como Artes e que todas elas surgiram na tentativa do ser humano se expressar, por meio de técnicas corporais associadas a atividades mentais. E que serviam para se libertar de algo ou desoprimir, cada uma com sua particularidade. Todas essas fontes tiveram uma enorme influência da natureza, especificamente nos movimentos dos animais. Isso demonstra o quanto nós seres humanos temos fortes ligações com a natureza em geral, mais precisamente com a vida animal. Sempre temos muito o que aprender com eles por meio da convivência, observação, contemplação e meditação. Isso já foi demonstrado pelos grandes artistas, mestres e terapeutas que na maioria das vezes tiveram suas grandes inspirações nesses seres. A própria ciência física e outras do ramo, como a biomecânica, a partir dos seus primeiros estudiosos (BORELLI, 1679; irmãos WEBER, 1836; MUYBRIDGE, 1887), interessaram-se em estudar a motricidade dos animais e dos homens devido aos seus "bisbilhotamentos" em analisar e compreender a agitação dos seres vivos: o voo das aves, nado dos peixes, pular, agachar, sentar do homem, marcha humana etc.

Como neste livro foi citado o yoga, que tem como um dos significados a união, em minhas reflexões fui capaz de expressar de forma empírica e intuitiva algumas técnicas corporais e mentais já existentes na vida humana. Para isso, utilizei apenas mais um recurso: a bola suíça. Os outros recursos utilizados já são inerentes a nós mesmos (corpo é a energia materializada e a mente é a energia não física).

A bola suíça, que primeiramente surgiu para ser utilizada em fins terapêuticos e preventivos, foi para mim no início empregada como objeto de brincadeira e exploração. Curiosamente apesar de na época, 2004, eu ter sido um estudante de Educação Física e Fisioterapia, não explorei na literatura o que existia sobre o assunto, isso porque os poucos livros traduzidos no Brasil foram publicados após esse ano. Entretanto, apesar de saber que um livro nos permite gerar uma infinidade de conhecimentos, ele também pode nos limitar apenas ao conteúdo que nele pertence, e nisso me refiro a exercícios corporais. Isso pode ser um fator que determine na influência da experimentação, imaginação e criação prática, já que oferece os exercícios para serem estudados e praticados, podendo assim restringir o nosso desejo de bisbilhotice que surge com a própria curiosidade da pessoa em praticar diversas vezes.

Reforço essa minha reflexão citando uma breve explicação de uma das teorias do desenvolvimento motor. A teoria dos sistemas dinâmicos (THELEN, 1991 apud GONÇALVES, 1995). Essa teoria reconhece que o estágio de maturação do Sistema Nervoso Central (SNC) é um fator importante para o surgimento das habilidades motoras, mas, como é considerada um modelo holístico, fundamenta-se em mais três componentes: o indivíduo, o ambiente e a tarefa funcional. Em meu caso o indivíduo fui eu; o ambiente foram as minhas vivências passadas mais vivências com a bola e a tarefa funcional foi a interação entre mim e a bola, cujo o produto é o movimento. Tais componentes agindo conjuntamente contribuem para o desenvolvimento de uma certa habilidade e eles três originam certo comportamento motor. Cada um desses fatores pode exercer limitações no surgimento e no desempenho das habilidades motoras.

Praticando constantemente os exercícios com a bola e associando a exercícios respiratórios, técnicas de relaxamento e de meditação do yoga, focalizei minha concentração sobre o meu corpo e na bola e assim pude vivenciar alguns estados meditativos. Em Tibetano, meditar significa "tornar-se familiar" (RINPOCHE *et al.*, 2008). A partir disso, brotou em mim inúmeras possibilidades de movimento no decorrer dos meus estudos. Tornei-me um amigo de contato da bola suíça instigado primeiramente pela curiosidade do contato prático. A partir da minha interação com a bola gerei novas expressões e conhecimentos, expandindo assim o estado da arte no que se refere ao assunto bola suíça, mesmo percebendo que certos exercícios poderiam ser perniciosos e lesivos, similar a todos os esportes e artes corporais, no qual certas posturas e movimentos podem ser lesivos ao corpo estrutural.

Ofereço novos modelos e novas linhagens de aplicabilidade desse objeto (utilizando o que já existe, pois é impossível criar algo sem aproveitar o que já se tem) e não mais só como exercícios para usos terapêuticos, preventivos e preparatórios. Mas também como um recurso de expressão corporal e de expansão da consciência para gerar o desenvolvimento pessoal, conectadas ao lúdico e atreladas à Arte, sendo assim, espero que esse livro sirva como porta de entrada para você leitor que almeja se aprofundar sobre temas relacionados ao autoconhecimento, terapia pelo movimento e expressões corporais ligados as fontes de inspiração do método.

# CAPÍTULO 10

# EXERCÍCIOS NA BOLA: INTRODUÇÃO

Os exercícios ilustrados a seguir trabalham vários segmentos articulares ao mesmo tempo como resultado da maior solicitação dos grupos musculares. De acordo com Platonov (1995), exercícios de ação geral trabalham boa parte da massa muscular do corpo, envolvendo grandes grupos musculares, proporcionando um estímulo adequado ao sistema cardiovascular e ao metabolismo.

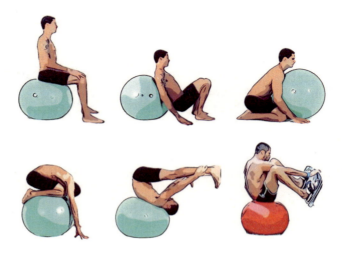

Esses exercícios podem ser realizados de forma repetitiva com baixas, moderadas ou altas intensidades ou com um tempo de permanência variado a depender da forma como são feitos e dos objetivos que são traçados, possibilitando aumento da flexibilidade, equilíbrio, força muscular, como também o aumento da utilização de energia pelos músculos.

Kisner (2005) afirma que esse aumento da utilização de energia pode ser resultado direto dos elevados níveis de enzimas oxidativas nos músculos, assim como aumento da densidade e do tamanho das mitocôndrias e do suprimento de capilares nas fibras, acarretando uma resistência a fadiga, capacitando o indivíduo a trabalhar por períodos prolongados de tempo.

Esses exercícios trabalham o esqueleto axial combinado com o esqueleto apendicular de forma sincrônica, simétrica e/ou assimétrica, promovendo uma coordenação motora. Isso irá contribuir para a realização de movimentos uniformes, precisos e controlados. Esses movimentos envolvem uma co-contração muscular, ou seja, ativação recíproca dos agonistas e antagonistas, além de trabalha com a atividade antecipatória.

De acordo com Borges *et al.* (2005), essa atividade antecipatória é a ativação precedente dos músculos acessórios para gerar a estabilidade dinâmica durante a contração dos agonistas do movimento, sendo esse um mecanismo imprescindível da biomecânica, no qual os músculos agonistas trabalham com mais eficiência durante o movimento. Além disso, envolve a sincronização apropriada da atividade muscular sinérgica e determina estabilidade do segmento proximal junto ao equilíbrio corporal, por manter o centro de gravidade sobre a base de apoio instável (bola).

Em cada exercício contém uma análise cinesiológica com o objetivo de facilitar a compreensão dos movimentos articulares e dos músculos ativados, não é citado todos os músculos do corpo humano, mas apenas os básicos para a realização dos movimentos.

**OBSERVAÇÃO:** alguns exercícios demonstrados têm o mesmo nome de algumas posturas do yoga e da capoeira, kite e surf por se assemelhar a eles. Esses exercícios são de extrema importância para todas as pessoas que trabalham com o corpo, seja por meio da reabilitação, prevenção, exercício físico, treinamento desportivo ou arte. É bom deixar bem claro que possui movimentos que vão da baixa a alta complexidade e que o intuito de todos esses exercícios que fiz foi facilitar o entendimento do corpo sobre a bola, sendo alguns movimentos **contraindicados** para pessoas que não tenham compatibilidade (física e mental/psicológica) para realizá-los, pois esses exercícios demandam muito das estruturas e habilidades corporais, desde o coração, pressão intracraniana, articulações, equilíbrio, resistência, coordenação dentre outros.

Por isso, é imprescindível que o profissional tenha uma formação do método Samiball® e também uma boa vivência nos exercícios para sentir os seus efeitos e assim esteja capacitado e consciente para escolher e ensinar ou repassar os exercícios para os seus pacientes, alunos, atletas ou artistas. É sempre bom ter o feedback desses para que não haja prejuízo, já que a intenção dessa ampla gama de movimentos é mostrar o quanto podemos nos exercitar de forma diferente utilizando a bola suíça.

# EDUCATIVOS SENTADO

Os exercícios ilustrados a seguir são feitos na posição primária de forma sentada. A posição inicial sempre terá como base de apoio os pés e a bola, e o contato do corpo na bola serão os isquios. Alguns desses exercícios foram extraídos da literatura, enquanto outros exercícios fazem parte da metodologia Samiball® e foram criados a partir das fontes inspiradores. Sempre bom observar e analisar esses exercícios para serem aplicados de forma correta, pois a depender do paciente, aluno ou praticante poderá existir alguma contraindicação, que seja identificado por cada profissional da área. A maioria desses exercícios apresentam uma análise cinesiológica contendo informações como: realização do movimento, posições, movimentos articulares, músculos ativados e objetivos. Tudo para ajudar o leitor no entendimento.

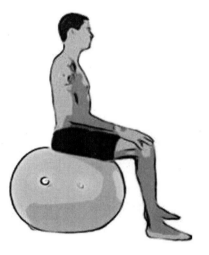

# PONTOS BÁSICOS

### Algumas observações da posição sentada

### Posições articulares ideais para o método Samiball®

Fig. 125

Fig. 125 – 90° de flexão do quadril

- 90° a 110° de flexão de joelho.

- Calcanhar com certa distância da bola para obter maior base de apoio.

### Pontos com algumas alterações na angulação das articulações

Fig. 126

Fig. 126 – Bola pouco inflada.

- Centro de gravidade mais baixo.

- Maior área de contato da bola com o solo.

- Requer menor equilíbrio.

- Requer maior flexão do quadril.

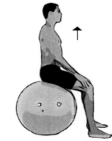

Fig. 127

Fig. 127 – Bola muito inflada.

- Ângulo menor que 90° do quadril.

- Menor área de contato da bola com o solo.

- Requer maior equilíbrio.

- Gera uma anteversão pélvica e uma menor flexão do quadril.

## EXERCÍCIOS DE EQUILÍBRIO (CONVENCIONAIS)

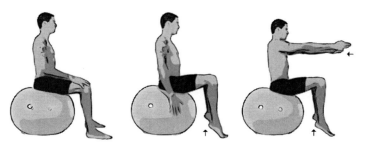

Fig. 128  Fig. 130

Fig. 129

**Posição inicial (sentado com apoio bipodal)**

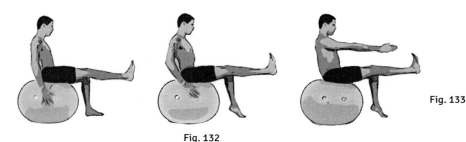

Fig. 131  Fig. 133

Fig. 132

Sentado sobre a bola e com contato da ponta das falanges distais no solo e as mãos na bola (Fig. 129).

Sentado sobre a bola, ponta das falanges distais no solo, sem as mãos na bola (Fig. 130).

Posição inicial com apoio unipodal e um joelho estendido (Fig. 131).

Sentado sobre a bola, em apoio unipodal e com o contato das falanges em contato com o solo, com as mãos na bola (Fig. 132).

Sentado sobre a bola, em apoio unipodal e com o contato das falanges em contato com o solo, sem as mãos na bola (Fig. 133).

## Variação

Posição inicial com apoio unipodal e um joelho flexionado. Pés sobre a outra coxa, com as mãos na bola (Fig. 134).

Sentado apoio unipodal e um joelho flexionado. Pés sobre a coxa, mãos na bola, realizar uma expiração e flexiona a coluna (Fig. 135).

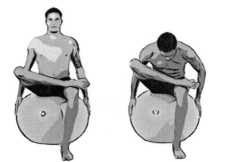

Fig. 134  Fig. 135

## NÍVEL E OBJETIVOS:

- Movimento com nível básico e moderado (variação) na execução.

- Realizar movimento no plano sagital;

- Trabalhar as reações posturais (equilíbrio, retificação e endireitamento);

- Promover ativação dos músculos do tronco (abdominais e extensores), principalmente nas posturas sem o apoio das mãos na bola;

- Promover ativação e fortalecimento isométrico dos flexores do quadril da perna elevada;

- Promover ativação e fortalecimento isométrico dos flexores plantares nas posturas com apoio na ponta dos dedos;

- Promover alongamento dos extensores da coluna durante a sua flexão.

# PULA PULA NA BOLA (CONVENCIONAL)

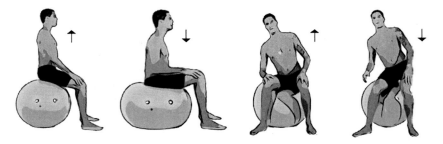

Fig. 136        Fig. 137

## MOVIMENTOS E POSIÇÕES ARTICULARES

- Coluna Cervical, Torácica e Lombar: tração e compressão das vértebras
- Ombro: posição neutra.
- Cotovelo: leve flexão em transição para extensão.
- Quadril: leve flexão em transição para extensão.
- Joelho: leve flexão em transição para extensão.
- Tornozelo: leve flexão plantar e dorsal.

**REALIZAÇÃO DO MOVIMENTO:** o praticante realiza um movimento para cima e para baixo, com uma leve extensão e flexão do quadril e do joelho, sem perder o contato dos pés no solo.

**MÚSCULOS ATIVADOS: TRONCO:** paravertebrais, reto abdominal, oblíquos, eretores da espinha. MMII: iliopsoas, pectíneo, reto femoral, semimembranoso, semitendíneo, bíceps femoral, quadríceps, panturrilha, tríceps sural e tibial anterior.

## NÍVEL E OBJETIVOS:

- Movimento com o nível básico na execução;

- Realizar o movimento no plano sagital;

- Trabalhar as reações posturais;

- Promover ativação dos músculos abdominais, paravertebrais, flexores e extensores do quadril, joelho e tornozelo;

- Mobilizar quadril e joelho em flexão e extensão;

- Tracionar a coluna no movimento para cima e para baixo;

- Trabalhar o equilíbrio e o condicionamento físico.

# ANTEVERSÃO E RETROVERSÃO PÉLVICA
## (convencional)

Movimento realizado em anteversão e retroversão pélvica com abdução e adução horizontal dos MMSS.

Fig. 138

Variação com os membros superiores sempre à frente em flexão de ombro.

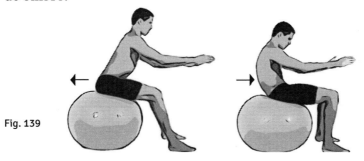

Fig. 139

Variação do movimento pélvico na diagonal.

Fig. 140

# MOVIMENTOS E POSIÇÕES ARTICULARES

- Coluna Cervical, Torácica: neutra; Lombar: da extensão em transição para a flexão.
- Quadril: leve flexão em transição para extensão (leve abdução na fig. 140).
- Joelho: leve flexão em transição para extensão
- Tornozelo: leve flexão plantar em transição para flexão dorsal

**REALIZAÇÃO DO MOVIMENTO:** o praticante realiza um movimento de anteversão pélvica com os MMSS em adução horizontal e depois faz uma retroversão pélvica com os MMSS em abdução horizontal. O movimento é realizado empurrando a bola para trás e para frente.

**MÚSCULOS ATIVADOS:** Cintura Pélvica: na retroversão: paravertebrais, eretores da Espinha, quadrado lombar. Na anteversão: reto abdominal, oblíquos, iliopsoas, reto femoral porção proximal, glúteos máximo e médio. MMSS: na adução horizontal: peitoral maior, coracobraquial, bíceps, braquial, deltoide anterior e redondo maior. Na abdução horizontal: deltoide posterior, romboides, trapézio fibras médias e inferiores. MMII: isquiotibiais, reto femoral, sartório, panturrilha.

## NÍVEL E OBJETIVOS:

- Nível básico na execução;
- Realizar movimento no plano sagital;
- Trabalhar as reações posturais;
- Realizar ativação dos músculos abdominais e pélvicos;
- Fortalecer os músculos abdominais. (Principalmente o reto abdominal porção inferior);

- Mobilizar a coluna lombar, quadril, joelho e flexão e extensão e a cintura pélvica em retroversão e anteversão;

- Mobilizar o ombro em abdução e adução horizontal;

- Trabalhar equilíbrio e coordenação motora;

# INCLINAÇÃO LATERAL PÉLVICA

Fig. 141

Fig. 142

## MOVIMENTOS E POSIÇÕES ARTICULARES

- Coluna Lombar: inclinação pélvica direita juntamente com flexão lateral do tronco inferior para direita em transição para Inclinação pélvica esquerda com flexão lateral esquerda.
- Ombro: abdução horizontal.
- Cotovelo: leve flexão.
- Quadril: leve abdução em transição para adução bilateral de forma alternada.
- Joelho: leve flexão acompanhada de rot. int. em transição para a rot. ext. bilateral com flexão.

**REALIZAÇÃO DO MOVIMENTO:** o praticante realiza um movimento de inclinação lateral pélvica para o lado direito e esquerdo com os MMSS em abdução.

**MÚSCULOS ATIVADOS: TRONCO:** reto do abdome unilateral a inclinação, oblíquo interno e externo, quadrado lombar unilateral a inclinação, paravertebrais e eretores da espinha; MMSS: manguito rotador, deltoides (fibras laterais e posteriores), rombóides e trapézio fibras medias e inferiores com maior ênfase para o lado da inclinação. MMII: adutores (curto, longo, magno) e glúteos (médio, mínimo, máximo) e tensor da fáscia lata.

## NÍVEL E OBJETIVOS:

- Nível básico na execução;
- Realizar movimento de balanço no plano frontal;
- Mobilizar a coluna lombar em flexão lateral inclinação pélvica;
- Mobilizar os músculos laterais do tronco inferior;
- Mobilizar os quadris em adução e abdução;
- Ativar e fortalecer os músculos laterais do tronco;
- Promover movimentos típicos da marcha por elevação da pélvica;
- Promover Equilíbrio e coordenação.

# CIRCUNDUÇÃO PÉLVICA

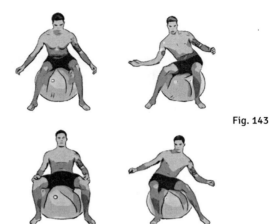

Fig. 143

## MOVIMENTOS E POSIÇÕES ARTICULARES

- Coluna Lombar: anteversão em transição para a inclinação pélvica esquerda depois faz uma retroversão em transição para inclinação pélvica direita em um movimento circular.
- Ombro: abdução bilateral.
- Cotovelo: leve flexão bilateral.
- Punho: posição neutra ou em leve flexão.
- Quadril: movimentos de flexão, abdução, adução e leve extensão bilateral.
- Joelho: movimentos combinados de leve flexão em transição para extensão com rot. Interna do dir. e rot externa esq. em transição para rot. externa do dir. e rot interna esq.
- Tornozelo: movimentos combinados de flexão dorsal, plantar, inversão e eversão.

**REALIZAÇÃO DO MOVIMENTO:** o praticante realiza um movimento circular da cintura pélvica fazendo um círculo da bola com o solo.

**MÚSCULOS ATIVADOS: TRONCO:** reto do abdome, oblíquo interno e externo, quadrado lombar, paravertebrais, eretores da espinha. MMII: adutor (curto, longo, magno) e glúteo (médio, mínimo e máximo), iliopsoas, reto femoral, sóleo, gastrocnêmico, tibial anterior, fibulares.

## NÍVEL E OBJETIVOS:

- Movimento com um nível básico na execução;
- Realizar movimento de balanço no plano frontal, sagital e oblíquo;
- Mobilizar a coluna lombar em flexão e extensão e flexão lateral direita e esquerda;
- Mobilizar a pelve em anteversão-retroversão, inclinação lateral direita e esquerda;
- Ativar todos os músculos do tronco (região anterior, posterior e lateral);
- Promover equilíbrio e coordenação.

# DESLOCAMENTO LATERAL DOS GLÚTEOS COM ROTAÇÃO DO TRONCO BODYSPHERES - Mari Naumovski

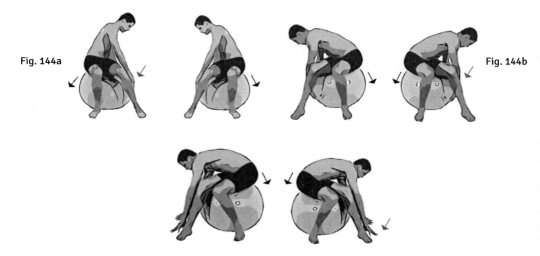

Fig. 144a

Fig. 144b

Fig. 144c

## MOVIMENTOS E POSIÇÕES ARTICULARES

- Coluna torácica e lombar: movimento combinado de rotação acompanhado de flexão progredindo a amplitude desse.
- Ombros: flexão bilateral.
- Cintura pélvica: inclinação lateral direita em transição para inclinação lateral esquerda.
- Quadril: movimento combinado de flexão, abdução e adução direita e esquerda de forma alternada.
- Joelho: flexão acompanhado de rotação interna em transição para flexão e rotação externa alternada.
- Tornozelo: movimento combinado de flexão dorsal, plantar, inversão e eversão.

**REALIZAÇÃO DO MOVIMENTO:** o praticante realiza um movimento de deslocamento de pelve para fora da bola com flexão e rotação da coluna acompanhado de flexão de quadril e joelho. As mãos apoiando na bola e progredindo para o solo.

**MÚSCULOS ATIVADOS: TRONCO:** reto do abdome, oblíquo interno e externo, quadrado lombar, paravertebrais, eretores da espinha. MMSS: trapézio (fibras médias e inferiores), peitoral maior, deltoide anterior, grande dorsal, tríceps, ancôneo (bilateral). MMII: adutor (curto, longo, magno) e glúteo (médio, mínimo e máximo), iliopsoas, reto femoral, sóleo, gastrocnêmico, tibial anterior, fibulares.

## NÍVEL E OBJETIVOS

- Movimento básico a moderado na execução;
- Realizar o movimento no plano frontal e transversal ou oblíquo;
- Mobilizar a coluna torácica e lombar em flexão e rotação e a cintura pélvica em inclinação pélvica para os lados direito e esquerdo;
- Ativar os músculos rotadores e flexores do tronco;
- Promover movimento de dissociação da cintura escapular;
- Promover equilíbrio e coordenação;
- Trabalhar a resistência muscular e cardiopulmonar quando repetida várias vezes.

## SALTANDO LATERALMENTE

Fig. 145

## MOVIMENTOS E POSIÇÕES ARTICULARES

- Coluna Lombar: flexão lateral da direita em transição para flexão lateral esquerda.
- Ombro: da posição em abdução para uma leve extensão do membro que está no apoio da mão sobre bola.
- Punho e dedos: flexão em transição para extensão da mão que apoia na bola.
- Cintura pélvica: leve inclinação pélvica da direita em transição para leve Inclinação pélvica esquerda.
- Quadril: leve flexão em transição para leve extensão para elevar os pés do solo.
- Joelho: leve flexão em transição para extensão.
- Tornozelo: movimento combinado de eversão para inversão.

**REALIZAÇÃO DO MOVIMENTO:** sentado sobre a bola, o praticante realiza transferência de peso lateralmente retirando os pés do solo e deslizando o glúteo sobre a bola de um lado para o outro.

**MÚSCULOS ATIVADOS: TRONCO:** oblíquos interno e externo, quadrado lombar, reto abdominal, eretores da espinha. MMSS: romboides, trapézio (fibras médias, inferiores), deltoide fibras laterais, redondo maior, grande dorsal. MMII: iliopssoas, reto femoral, adutores, abdutores, sóleo, gastrocnêmio, tibial anterior.

## NÍVEL E OBJETIVOS

- Movimento com um nível moderado na execução;
- Realizar movimento de balanço no plano frontal;
- Mobilizar a coluna lombar em flexão lateral e inclinação pélvica da direita para a esquerda;
- Promover transferência de peso lateralmente;
- Promover mais equilíbrio e coordenação pela retirada dos pés no solo;
- Auxiliar nas reações de equilíbrio automática;
- Trabalhar a resistência muscular e cardiopulmonar quando repetida em um determinado tempo.

# DESLIZAMENDO LATERAL DO GLÚTEO COM A MÃO NO SOLO

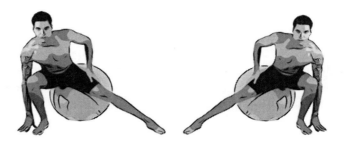

Fig. 146

## MOVIMENTOS E POSIÇÕES ARTICULARES

- Coluna Cervical: neutra; torácica e lombar: flexão.
- Ombro: leve flexão (mão no solo) para extensão (mão na coxa) alternando bilateralmente.
- Cotovelo: flexão em transição para extensão alternado bilateral.
- Punho e dedos: extensão bilateral.
- Quadril: flexão (joelho fletido) em transição para abdução (joelho estendido) alternada.
- Joelho: flexão em transição para extensão de forma alternada.
- Tornozelo: movimentos combinados de flexão dorsal para eversão.

**REALIZAÇÃO DO MOVIMENTO:** sentado sobre a bola, desliza-a para o lado, abduzindo quadril e estendendo o joelho. Em seguida coloca a palma da mão no solo próximo a face lateral do pé.

**MÚSCULOS ATIVADOS: TRONCO:** reto do abdome, oblíquos bilaterais, quadrado lombar ipislateral mão que apoia no solo. MMSS: deltoide, coracobraquial, peitoral (maior), bíceps porção longa, tríceps, ancôneo, extensores do punho. MMII: iliopsoas, reto femoral, isquiotibiais (porção proximal).

## NÍVEL E OBJETIVOS:

- Movimento com um nível básico na execução;
- Realizar movimento de balanço no plano frontal;
- Mobilizar a coluna lombar em flexão lombar;
- Mobilizar a articulação do quadril em abdução e flexão e joelhos em extensão e flexão;
- Promover alongamento dos adutores da coxa do joelho estendido;
- Promover alongamento dos eversores do tornozelo;
- Trabalhar o equilíbrio e coordenação.

# DESLIZAMENDO LATERAL DO GLÚTEO COM ROTAÇÃO DO TRONCO

Fig. 147

Fig. 148

## MOVIMENTO E POSIÇÕES ARTICULARES

- Coluna Cervical, Torácica e Lombar: movimentos combinados de flexão, flexão lateral acompanhado de rotação para ambos os lados.
- Ombro: abdução horizontal.
- Cotovelo: flexão em transição para extensão quando apoiado a mão no sol e mão apontada para cima.
- Punho e dedos: neutro em transição para extensão da mão que apoia no solo.
- Quadril: movimentos combinados de flexão e abdução

- Joelho: movimentos de flexão em transição para extensão.

- Tornozelo: flexão dorsal em transição para eversão de forma alternada.

**REALIZAÇÃO DO MOVIMENTO:** sentado sobre a bola, desliza-a para o lado, estendendo o joelho e abduzindo o quadril. Em seguida coloca a palma da mão direita no solo e faz uma rotação da coluna para esquerda apontando a mão esquerda para cima. A variação das mãos uma entre os pés e a outra por fora dos pés.

**MÚSCULOS ATIVADOS: TRONCO:** oblíquos internos e externos, quadrado lombar bilateral, reto abdominal e eretores da espinha unilateral à inclinação. MMSS: trapézio, romboides, deltoide, redondo (maior bilateral), peitoral (maior), manguito rotador, coraco-braquial, bíceps braquial, braquial (do braço apoiado no solo). MMII: glúteo (máximo, médio e mínimo), tensor da fáscia lata, inversores.

## NÍVEL E OBJETIVOS:

- Movimento com um nível moderado na execução;

- Realizar movimento de balanço no plano frontal;

- Realizar movimento no plano oblíquo;

- Mobilizar a coluna lombar em flexão e flexão lateral e rotação;

- Mobilizar a articulação do quadril em abdução e flexão;

- Promover movimentos de rotação da coluna;

- Promover alongamento dos adutores da coxa;

- Promover alongamento dos rotadores da coluna (variação).

## GINGAR COM A POSTERIORIZAÇÃO DO PÉ

Fig. 149

Variação com a mão na bola e mão no solo e a outra em frente ao rosto

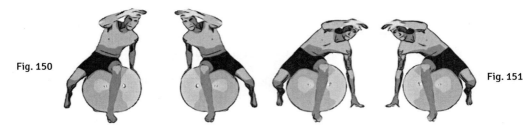

Fig. 150

Fig. 151

## MOVIMENTOS E POSIÇÕES ARTICULARES

- Coluna Cervical, Torácica e Lombar: leve flexão lateral progredindo para uma leve flexão, flexão lateral e rotação de acordo com a evolução das posturas.
- Ombro: inicialmente fica em dois membros em abdução horizontal (Fig. 149), progredindo de flexão (mão à frente da cabeça) para extensão (mão apoiada na bola ou no solo – Fig. 150 e 151) de acordo com a evolução das posturas.
- Cotovelo: flexão em transição para extensão (Fig. 151).
- Punho e dedos: posição neutra em transição para extensão quando apoiada a mão na bola ou no solo.

- Quadril: flexão (membro com o pé na frente da bola) em transição para leve extensão com abdução (membro com o pé na lateral da bola).

- Joelho: movimento de flexão em transição para leve extensão.

- Tornozelo: flexão dorsal (pé que está na frente da bola) em transição para flexão plantar (do pé que está lateralmente na bola).

**REALIZAÇÃO DO MOVIMENTO:** o praticante realiza o movimento lateral do tronco inferior como quadril na bola trocando os membros inferiores. O pé que estava na frente da bola vai para lateral e para trás e o que estava atrás vem para frente da bola. O tronco faz uma leve flexão acompanhado de flexão lateral os membros superiores em uma abdução horizontal do ombro e leve flexão cotovelo sem encosta a mão a bola, podendo evoluir de acordo com as Figuras 150 e 151 (apoio da mão na bola ou no solo).

**MÚSCULOS ATIVADOS:** (por envolver múltiplas articulações, diversos músculos são trabalhos por cocontração citando apenas alguns). TRONCO: oblíquo interno e externo, quadrado lombar, eretores da espinha do lado da concavidade da coluna. M.M.S.S.: Deltóide, peitoral maior, coracobraquial, bíceps braquial e braquial, braquioradial (membro que está na frente da cabeça); deltoide fibras posteriores e mediais, romboides, trapézio fibras médias, redondo menor (membro que está atrás apoiado na bola ou no solo). MMII.: iliopsoa, reto femoral, tensor da fáscia lata, glúteo mínimo, quadríceps (membro que esta na frente da bola), glúteo Máximo, glúteo médio fibras posteriores, isquiostibiais (membro que está na lateral da bola).

## NÍVEL E OBJETIVOS:

- Nível moderado na execução;
- Realizar movimento de balanço no plano frontal e oblíquo;
- Praticar passos reativos de um lado para o outro;
- Mobilizar a coluna lombar em flexão lateral e a pelve em inclinação pélvica;
- Promover transferência de peso lateralmente;
- Promover mais equilíbrio e coordenação pela retirada dos pés no solo;
- Promover extensão do quadril;
- Incluir movimentos recíprocos de MMSS e MMII necessário para a marcha;
- Auxiliar nas reações de equilíbrio automática;
- Realizar mobilização da cintura escapular;
- Dissociar a cintura escapular;
- Aumentar a amplitude da coluna em flexão e rotação;
- Aumentar a amplitude do quadril em flexão e extensão;
- Trabalhar a resistência muscular e cardiopulmonar quando repetida em um determinado tempo.

# GINGAR LATERO-LATERAL

Fig. 152

Fig. 153

Fig. 154

Variação com a mão na bola e no chão e em frente a rosto

## MOVIMENTOS E POSIÇÕES ARTICULARES

- Coluna Cervical, Torácica e Lombar: leve flexão lateral progredindo em transição para uma flexão lateral com amplitude maior de acordo com a evolução das posturas
- Ombro: inicialmente fica em abdução horizontal, progredindo de flexão do membro com o antebraço na frente da cabeça e extensão do membro que está apoiado na bola ou no solo, de acordo com as progressões das posturas.
- Cotovelo: leve extensão em transição para leve flexão bilateral
- Punho e dedos: flexão em transição para extensão quando apoiada a mão na bola ou no solo.
- Quadril: flexão (membro com o pé na frente da bola) para extensão com abdução (membro com o pé na lateral da bola).
- Joelho: flexão em transição para leve extensão.

• Tornozelo: flexão dorsal do pé que está na frente da bola em transição para flexão plantar do pé que está lateralmente na bola.

**REALIZAÇÃO DO MOVIMENTO:** o praticante realiza o movimento lateral do quadril trocando os membros inferiores, no qual o membro que apresentava em flexão se estende e abduz na mesma linha do pé oposto em um movimento látero-lateral, o tronco faz uma flexão lateral para o membro estendido e os membros superiores em uma leve extensão do ombro e leve flexão cotovelo sem encosta a mão a bola.

**MÚSCULOS ATIVADOS: TRONCO:** oblíquo interno e externo, quadrado lombar, eretores da espinha lado da concavidade da coluna. M.M.S.S.: deltoide, peitoral maior, coracobraquial, bíceps braquial e braquial, braquioradial (membro que esta na frente da cabeça); deltoide posterior e medial, romboides, trapézio fibras medias, redondo menor e extensores do punho e dedos (membro que está atrás apoiado na bola ou no solo); M.M.I.I.: iliopsoas, reto femoral, tensor da fáscia a lata, glúteo mínimo, quadríceps (membro que está na frente da bola); glúteo Máximo, glúteo médio e mínimo, isquiotibiais, quadríceps (membro que está na lateral da bola).

## NÍVEL E OBJETIVOS:

• Realizar movimento de balanço no plano frontal e transversal;

• Transferência de peso lateralmente;

• Praticar passos reativos de um lado para o outro;

• Mobilizar a coluna lombar em flexão lateral e inclinação pélvica;

• Promover transferência de peso lateralmente;

• Promover mais equilíbrio e coordenação pela retirada dos pés no solo;

• Promover abdução de quadril e flexão do oposto;

- Inclui movimentos recíprocos de MMSS e MMII necessários para a marcha;

- Auxiliar nas reações de equilíbrio automática;

- Realizar mobilização da cintura escapular;

- Dissociar a cintura escapular;

- Aumentar a amplitude da coluna em flexão e rotação;

- Aumentar a amplitude do quadril em abdução e adução;

- Promover mais coordenação devido ao trabalho simultâneo dos membros superiores com os membros inferiores;

- Promover condicionamento físico.

# ROTACIONAL

Fig. 155

## MOVIMENTOS E POSIÇÕES ARTICULARES

- Coluna Cervical, Torácica e Lombar: posição neutra para flexão com rotação.
- Ombro: abdução horizontal em transição para adução esquerda e extensão direita.
- Cotovelo: extensão do esquerdo e transição direita (extensão para flexão) com apoio da mão sobre a bola.
- Punho e dedos: neutra em transição para extensão da mão apoiada na bola.
- Quadril: flexão em transição para adução do direito e abdução do esquerdo com flexão.
- Joelho: aumenta a flexão com rotação externa do esquerdo e extensão do direito.
- Tornozelos: posição neutra para eversão do esquerdo.

**REALIZAÇÃO DO MOVIMENTO:** com os membros superiores em abdução horizontal, o praticante inicia o movimento com uma rotação do tronco acompanhado de leve flexão, tentando encostar a mão esquerda no pé direto. O MSD fica em extensão apoiando a mão na bola.

**MÚSCULOS ATIVADOS: TRONCO:** reto abdominal, oblíquo interno e externo, paravertebrais, eretores da espinha (lado da rotação). MMSS: peitoral maior, coracobraquial, tríceps, ancôneo (membro esquerdo), deltoide posterior, romboides, trapézio fibras médias, serrátil anterior (membro apoiado na bola). MMII: glúteo médio, tensor da fáscia lata, reto femoral direito (origem), adutor longo, curto, magno, pectíneo, isquiotibiais esquerdo.

## NÍVEL E OBJETIVOS:

- Nível básico na execução;
- Realizar movimento de balanço no plano frontal, sagital e transversal;
- Promover leve dissociação das cinturas;
- Mobilizar a coluna lombar em flexão e rotação;
- Promover alongamento dos músculos posteriores do membro em extensão;
- Mobilizar a escápula em adução e abdução bilateral;
- Auxiliar nas reações de equilíbrio automática.

# EQUILÍBRIO COM OS ÍSQUIOS

Fig. 156

## MOVIMENTOS E POSIÇÕES ARTICULARES

- Coluna Cervical, Torácica e Lombar: leve flexão.
- Ombro: extensão.
- Cotovelo: flexão.
- Punho e dedos: extensão.
- Quadril: movimento de flexão
- Joelho: flexão.
- Tornozelo: posição neutra.

**REALIZAÇÃO DO MOVIMENTO:** sentado na bola, o praticante faz uma inspiração, retira um dos pés do solo e em seguida retira o outro pé ficando apenas com os ísquios na bola, mantendo assim o equilíbrio.

**MÚSCULOS ATIVADOS: TRONCO:** reto do abdome (porção inferior), oblíquo interno e externo e paravertebrais. MMSS: romboides, trapézio fibras médias, manguito rotador, deltoide (fibras posteriores), tríceps (porção longa). MMII: reto femoral, iliopsoas, tensor da fáscia lata e adutores.

## NÍVEL E OBJETIVOS:

- Nível moderado na execução;
- Realizar movimento no plano sagital;
- Trabalhar as reações posturais;
- Promover alongamento dos flexores do ombro em cadeia fechada;
- Promover fortalecimento isométrico dos músculos

abdominais inferiores e flexores do quadril em cadeia aberta;

- Ativar toda a musculatura do tronco e membros;
- Promover equilíbrio.

## LEVE FLEXÃO E EXTENSÃO COM QUADRIS E JOELHOS FLETIDOS

Fig. 157

## MOVIMENTOS E POSIÇÕES ARTICULARES

- Coluna: leve flexão.
- Ombro: hiperextensão bilateral.
- Cotovelo: extensão.
- Punho e dedos: extensão.
- Quadril: movimento de leve extensão em transição para flexão.
- Joelho: flexão.
- Tornozelo: flexão plantar.

**REALIZAÇÃO DO MOVIMENTO:** sentado na bola com os ombros em hiperextensão e as mãos no solo, o praticante realiza uma leve flexão e extensão de 45° do quadril.

## MÚSCULOS ATIVADOS:

**TRONCO:** reto do abdome (porção inferior), oblíquo interno e externo (bilateral). MMSS: deltoide (fibras posteriores), redondo maior e menor, romboides, trapézio, tríceps, ancôneo, extensores do punho e dedos (isometria). MMII: reto femoral, iliopsoas, tensor da fáscia lata, glúteos máximo, médio e mínimo (isotonia), sóleo, gastrocnêmio bilateral (isometria), adutor curto, longo e magno, pectíneo (isometria).

## NÍVEL E OBJETIVOS:

- Movimento avançado;
- Realizar movimento no plano frontal;
- Trabalhar as reações posturais;
- Promover fortalecimento isométrico do flexores da cervical;
- Promover alongamento dos flexores do ombro e flexores do cotovelo;
- Promover equilíbrio;
- Fortalecimento isométrico dos MMSS em cadeia fechada;
- Fortalecimento dos abdominais e flexores do quadril em cadeia aberta.

# LEVE FLEXÃO E EXTENSÃO (ALTERNADA) COM QUADRIS E JOELHOS FLETIDOS

Fig. 158

## MOVIMENTOS E POSIÇÕES ARTICULARES

- Coluna: leve flexão.
- Ombro: hiperextensão bilateral.
- Cotovelo: extensão.
- Punho e dedos: extensão.
- Quadril: movimento de extensão em transição para flexão.
- Joelho: flexão.
- Tornozelo: flexão plantar.

**REALIZAÇÃO DO MOVIMENTO:** sentado na bola com os ombros em hiperextensão e as mãos no solo, o praticante realiza uma flexão de 90° (de um lado) e extensão de aproximadamente 180° (do outro lado) do quadril mantendo sempre os joelhos fletidos.

**MÚSCULOS ATIVADOS: TRONCO:** região cervical: platisma, esternocleidomastoideo bilateral, complexo hioide (isometria); Região torácica: reto do abdome (porção inferior), oblíquo interno e externo. MMSS: deltoide (fibras posteriores), manguito rotador, redondo maior, romboides, trapézio, tríceps, ancôneo, extensores do punho e dedos. MMII: reto femoral, iliopsoas, tensor da fáscia lata, glúteos máximo, médio e mínimo, isquiotibiais porção proximal (isotonia), adutores (isometria), sóleo, gastrocnêmio bilateral (isometria).

## NÍVEL E OBJETIVOS:

- Nível avançado na execução;
- Realizar movimento no plano frontal;
- Trabalhar as reações posturais;
- Promover coordenação motora dos membros inferiores pelo movimento alternado;
- Promover fortalecimento isométrico dos flexores da cervical;
- Promover alongamento dos flexores do ombro e flexores do cotovelo;
- Realizar fortalecimento isométrico dos MMSS em cadeia fechada;
- Promover fortalecimento dos músculos abdominais inferiores, iliopsoas e reto femoral em cadeia aberta;
- Promover equilíbrio.

# FLEXÃO E EXTENSÃO (ALTERNADA) DO QUADRIS E JOELHOS ESTENDIDOS

Fig. 159

## MOVIMENTOS E POSIÇÕES ARTICULARES

- Coluna Cervical: flexão. Torácica e Lombar: leve flexão.
- Ombro: hiperextensão bilateral.
- Cotovelo: extensão.
- Punho e dedos: extensão.
- Quadril: movimento de extensão em transição para flexão.
- Joelho: extensão.
- Tornozelo: flexão plantar.

**REALIZAÇÃO DO MOVIMENTO:** sentado na bola com os ombros em hiperextensão e as mãos no solo, o praticante realiza uma flexão de 90° e extensão de 180° do quadril de forma alternada dos membros.

**MÚSCULOS ATIVADOS: TRONCO:** reto do abdome (porção inferior), oblíquo interno e externo. MMSS: deltoide (fibras posteriores), manguito rotador, redondo maior, romboides, trapézio, tríceps, ancôneo, extensores do punho e dedos (isometria) MMII: reto femoral, iliopsoas, tensor da fáscia lata, glúteos máximo, médio e mínimo, adutores e flexores plantares (isometria).

# NÍVEL E OBJETIVOS:

- Nível avançado na execução;
- Realizar movimento no plano frontal;
- Promover maior braço de resistência por parte dos MMII devido ao joelho em extensão;
- Trabalhar as reações posturais (equilíbrio, endireitamento e retificação);
- Promover fortalecimento isométrico dos flexores da cervical;
- Promover alongamento dos flexores do ombro e flexores do cotovelo;
- Promover contração isométrica dos extensores do ombro em cadeia fechada;
- Realizar contração isométrica dos extensores do joelho;
- Promover fortalecimento dos flexores do quadril em cadeia aberta;
- Promover fortalecimento dos músculos abdominais inferiores.

# FLEXÃO E EXTENSÃO DO QUADRIS COM JOELHOS ESTENDIDO

Fig. 160

## MOVIMENTOS E POSIÇÕES ARTICULARES

- Coluna Cervical: flexão. Torácica: leve flexão. Lombar: leve extensão para flexão.
- Ombro: hiperextensão bilateral.
- Cotovelo: extensão.
- Punho e dedos: extensão.
- Quadril: extensão em transição para flexão.
- Joelho: extensão.
- Tornozelo: flexão plantar.

**REALIZAÇÃO DO MOVIMENTO:** Sentado na bola com os ombros em hiperextensão e as mãos no solo, o praticante realiza uma flexão de 90° e extensão de aproximadamente 180° do quadril.

**MÚSCULOS ATIVADOS: TRONCO:** reto do abdome (porção inferior), oblíquo interno e externo. MMSS: deltoide (fibras posteriores), manguito rotador, redondo maior, romboides, trapézio, tríceps, ancôneo, extensores do punho e dedos (isometria). MMII:

reto femoral, iliopsoas, tensor da fáscia lata, glúteos máximo, médio e mínimo, adutores e flexores plantares (isometria).

## NÍVEL E OBJETIVOS:

- Nível avançado na execução;
- Realizar movimento no plano frontal;
- Promover maior braço de resistência por parte dos MMII por estar os joelhos em extensão;
- Trabalhar as reações posturais;
- Promover alongamento dos flexores do ombro;
- Promover fortalecimento isométrico dos extensores do ombro em cadeia fechada;
- Promover fortalecimento dos músculos abdominais inferiores;
- Promover fortalecimento dos músculos flexores do quadril em cadeia aberta;
- Trabalhar o equilíbrio.

# ROTAÇÃO DO TRONCO INFERIOR COM JOELHOS FLETIDOS

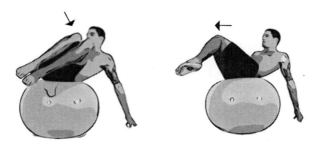

Fig. 161

## MOVIMENTOS E POSIÇÕES ARTICULARES

- Coluna Cervical e Torácica: leve flexão. Coluna Lombar: rotação da direita em transição para esquerda (tronco inferior).
- Ombro: hiperextensão.
- Cotovelo: extensão.
- Punho e dedos: extensão.
- Quadril: adução.
- Joelho: flexão.
- Tornozelo: flexão plantar.

**REALIZAÇÃO DO MOVIMENTO:** sentado na bola com os ombros em hiperextensão e as mãos no solo, o praticante realiza uma rotação do tronco inferior com o quadril em adução.

**MÚSCULOS ATIVADOS: TRONCO:** reto do abdome (porção inferior), oblíquo interno e externo e paravertebrais. MMSS: deltoide (fibras posteriores), manguito rotador, redondo maior, romboides, trapézio, tríceps, ancôneo, extensores do punho e dedos. MMII: reto femoral, iliopsoas e isquiotibiais (isometria bilateral), tensor da fáscia lata, glúteos máximo, médio e mínimo do membro em abdução e adutores do membro em adução.

## NÍVEL E OBJETIVOS:

- Nível avançado na execução;
- Promover transferência de peso latero-lateral;
- Realizar movimento no plano oblíquo;
- Trabalhar as reações posturais;
- Promover menor braço de alavanca por parte dos MMII por estar com os joelhos fletidos;
- Promover fortalecimento isométrico dos extensores do ombro e cotovelo em cadeia fechada;
- Promover alongamento dos flexores do ombro e do cotovelo;
- Promover fortalecimento dos músculos abdominais inferiores, principalmente dos rotadores e flexores em cadeia fechada;
- Promover equilíbrio.

# ROTAÇÃO DE TRONCO INFERIOR COM JOELHOS ESTENDIDOS

Fig. 162

## MOVIMENTOS E POSIÇÕES ARTICULARES

- Coluna cervical e torácica: leve flexão. Coluna Lombar: rotação da direita em transição para rotação esquerda (tronco inferior).
- Ombro: hiperextensão.
- Cotovelo: extensão.
- Punho e dedos: extensão.
- Quadril: adução.
- Joelho: extensão.
- Tornozelo: flexão plantar.

**REALIZAÇÃO DO MOVIMENTO:** sentado na bola com os ombros em hiperextensão e as mãos no solo, o praticante realiza uma rotação do tronco inferior.

**MÚSCULOS ATIVADOS: TRONCO:** reto do abdome (porção inferior), oblíquo interno e externo e paravertebrais. MMSS: deltoide (fibras posteriores), manguito rotador, redondo maior, romboides, trapézio, tríceps, ancôneo, extensores do punho e dedos (isometria).

MMII: reto femoral, iliopsoas, quadríceps (isométrico bilateral), tensor da fáscia lata, glúteo médio e mínimo do membro em abdução e adutores do membro em adução.

## NÍVEL E OBJETIVOS:

- Nível avançado na execução;
- Realizar movimento no plano transverso;
- Trabalhar as reações posturais;
- Promover maior braço de resistência por parte dos MMII por estar com os joelhos em extensão;
- Promover alongamento dos flexores do ombro;
- Promover fortalecimento dos músculos abdominais inferiores;
- Promover fortalecimento dos músculos flexores (isometria), abdutores e adutores (isotonia) do quadril em cadeia aberta;
- Promover equilíbrio.

# TRANSFERÊNCIA DE APOIO DOS PÉS PARA AS MÃOS

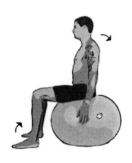  

Fig. 163

## MOVIMENTOS E POSIÇÕES ARTICULARES

- Coluna Cervical, Torácica e Lombar: neutra em transição para uma leve flexão.
- Ombro: posição neutra para hiperextensão.
- Cotovelo: extensão total.
- Punho e dedos: posição neutra em transição para extensão com apoio no solo.
- Quadril: flexão.
- Joelho: flexão em transição para extensão.
- Tornozelo: posição neutra.

**REALIZAÇÃO DO MOVIMENTO:** sentado na bola o praticante joga os pés para cima retirando-os do solo e apoia as mãos no chão.

**MÚSCULOS ATIVADOS: TRONCO:** reto do abdome (porção inferior), oblíquo interno e externo. MMSS: deltoide (fibras posteriores), manguito rotador, redondo maior, romboides, trapézio, tríceps, ancôneo, extensores do punho e dedos. MMII: reto femoral, iliopsoas, adutores e flexores plantares (isometria) e quadríceps (isotonia).

## NÍVEL E OBJETIVOS:

- Nível avançado na execução;
- Realizar movimento no plano frontal;
- Trabalhar as reações posturais (equilíbrio, retificação e endireitamento);
- Promover alongamento dos flexores do ombro e do cotovelo em cadeia fechada no final do movimento;
- Promover fortalecimento dos músculos abdominais inferiores e dos flexores do quadril em cadeia aberta no final do movimento;
- Promover equilíbrio e coordenação.

# BANANEIRA

Fig. 164

## MOVIMENTOS E POSIÇÕES ARTICULARES

- Coluna Cervical, Torácica e Lombar: posição neutra em transição para extensão.
- Ombro: flexão do esquerdo e extensão do direito em transição para flexão com abdução bilateral.
- Cotovelo: flexão, podendo variar para uma máxima extensão.
- Punho e dedos: posição neutra em transição para extensão apoiando as palmas das mãos no solo.
- Quadril: flexão em transição para extensão bilateral.
- Joelho: flexão direita e extensão esquerda em transição para extensão bilateral.
- Tornozelo: flexão dorsal em transição para flexão plantar.

**REALIZAÇÃO DO MOVIMENTO:** sentado na bola o praticante roda o tronco para o lado esquerdo aplica uma força na cintura escapular lateralmente e para baixo, retira os pés do solo e apoia com as mãos no chão. Os membros inferiores ficam em flexão de quadril e joelho. Pode haver uma variação com o corpo todo em extensão, ombros flexionados e cotovelos estendidos.

**MÚSCULOS ATIVADOS:** TRONCO: eretores da espinha, quadrado lombar, paravertebrais, abdominal e oblíquos. MMSS: romboides, serrátil anterior, deltoide (fibras laterais e anterior), bíceps, braquial, coracobraquial, tríceps, ancôneo. MMII: glúteo máximo e médio, isquiotibiais e tríceps sural.

## NÍVEL E OBJETIVOS:

- Movimento com um grau alto de execusão;
- Realizar movimento no plano oblíquo;
- Desenvolver equilíbrio e transferência de peso dos MMII para MMSS;
- Fortalecer musculatura extensora da coluna e da cintura escapular;
- Fortalecer a musculatura do ombro e cotovelo por sustentar o corpo com as mãos em cadeia fechada.

## ESQUIVA ANTERIOR

Fig. 165

### POSIÇÕES E MOVIMENTOS ARTICULARES

- Coluna Cervical, Torácica e Lombar: flexão.
- Cintura Escapular: abdução bilateral.
- Ombro: flexão do direito e abdução horizontal do esquerdo.
- Cotovelo: flexão do direito e extensão do esquerdo em transição para flexão bilateral.
- Quadril: flexão.
- Joelho: flexão bilateral.
- Tornozelo: flexão plantar leve em transição para flexão dorsal bilateral.

**REALIZAÇÃO DO MOVIMENTO:** o praticante sentado na bola realiza uma flexão da coluna apoiando as mãos no solo, descendo o corpo em direção ao solo.

**MÚSCULOS ATIVADOS: OBS.:** por envolver um movimento complexo do corpo e múltiplas articulações participam desse movimento vários músculos simultaneamente (sinergismo). Apenas iremos abordar alguns. TRONCO: reto abdominal, oblíquos, quadrado lombar, eretores da espinha, transvertebrais e flexores da cervical. MMSS: romboides, trapézio (fibras médias e inferiores), deltoide (porção anterior e lateral), coracobraquial, infraespinhal, tríceps, ancôneo, bíceps, braquioradial e extensores do punho. MMII: iliopsoas, isquiotibiais, tibial anterior e fibular terceiro (perna da frente).

## NÍVEL E OBJETIVOS:

- Nível de dificuldade moderado na execução;
- Realizar movimento no plano oblíquo;
- Mobilizar a articulação da coluna em flexo-extensão com leve rotação e flexão lateral;
- Mobilizar as articulações do quadril e joelho em flexo-extensão e a do tornozelo em flexão plantar e dorsal em cadeia fechada;
- Promover alongamento dos extensores da coluna durante a flexão da coluna;
- Promover alongamento dos extensores do quadril e joelho direito (perna da frente);
- Promover ativação dos músculos flexores e extensores do quadril e joelho;
- Promover ativação dos músculos flexores, extensores, flexores laterais e rotadores da coluna;
- Promover alongamento passivo dos flexores do punho e dos flexores plantares (pé da frente).

# ESQUIVA POSTERIOR

Fig. 166a  Fig. 166b

**Movimento de extensão do tronco apoiando a mão atrás da bola**

## POSIÇÕES E MOVIMENTOS ARTICULARES

- Coluna Cervical, Torácica e Lombar: flexão de toda a coluna e flexão lateral em transição para extensão com leve rotação.
- Cintura escapular: abdução em transição para adução bilateral.
- Ombro: flexão do direito e abdução horizontal esquerdo.
- Cotovelo: flexão direita e extensão esquerda.
- Quadril: flexão em transição para leve extensão do direito e leve flexão em transição para extensão do esquerdo.
- Joelho: movimento de flexão em transição para leve extensão bilateral.
- Tornozelo: leve flexão dorsal em transição para flexão plantar bilateral o pé direito em posição neutra.

**REALIZAÇÃO DO MOVIMENTO:** o praticante sentado na bola realiza uma extensão da coluna empurrando a bola para frente e encosta a região lateral posterior do tronco na bola estendendo o quadril direito.

**MÚSCULOS ATIVADOS:** por envolver um movimento complexo do corpo múltiplas articulações e músculos trabalham simultaneamente.

## NÍVEL E OBJETIVOS:

- Nível de dificuldade moderado na execução;
- Realizar movimento no plano oblíquo;
- Mobilizar a articulação da coluna em flexo-extensão com leve rotação e flexão lateral;
- Mobilizar as articulações do quadril e joelho em flexo-extensão e tornozelo em flexão plantar e dorsal em cadeia fechada;
- Promover alongamento dos abdominais durante a extensão da coluna;
- Promover alongamento dos flexores do quadril (perna de trás);
- Promove ativação músculos adutores da cintura escapular;
- Promover ativação dos músculos flexores e extensores do quadril e joelho;
- Promover ativação dos músculos flexores plantares e dorsais.

# BENÇÃO

Fig. 167

## POSIÇÕES E MOVIMENTOS ARTICULARES

- Coluna Cervical: leve flexão. Torácica e Lombar: flexão em transição para leve extensão.
- Cintura escapular: abdução em transição para uma leve adução.
- Ombro: flexão do direito e abdução horizontal do esquerdo.
- Cotovelo: flexão bilateral (sendo o direito em maior grau).
- Quadril: movimento de flexão para leve extensão do direito e saida extensão para flexão do esquerdo.
- Joelho: movimento de flexão para extensão do direito e leve extensão para leve flexão do esquerdo.
- Tornozelo: movimento de flexão dorsal para posição neutra do esquerdo e posição neutra do direito.

**REALIZAÇÃO DO MOVIMENTO:** o praticante sentado sobre a bola realiza extensão da coluna acompanhada de uma flexão do quadril direito com o joelho estendido, leva o pé para frente e o tronco fica em decúbito dorsal (virado para cima) na bola.

**MÚSCULOS ATIVADOS:** por envolver um movimento complexo do corpo múltiplos músculos e articulações trabalham simultaneamente.

## NÍVEL E OBJETIVOS:

- Nível básico a moderado na execução;
- Realizar movimento no plano sagital do membro fletido na frente em cadeia aberta;
- Mobilizar a articulação da coluna em flexo-extensão;
- Mobilizar as articulações do quadril e joelho em flexo-extensão e tornozelo em flexão plantar e dorsal;
- Promover fortalecimento dos abdominais com a perna elevada;
- Promover ativação dos músculos flexores e extensores do quadril e joelho direito;
- Promover fortalecimento dos flexores do quadril da perna elevada;
- Promover equilíbrio e trabalhar as reações posturais;
- Promover condicionamento físico quando realizado repetidas vezes.

# MARTELO

Fig. 168

## POSIÇÕES E MOVIMENTOS ARTICULARES

- Coluna Cervical: leve flexão. Torácica e Lombar: flexão em transição para leve extensão.
- Cintura escapular: abdução em transição par uma leve adução.
- Ombro: flexão do direito e abdução horizontal esquerda.
- Cotovelo: flexão bilateral sendo o direito em maior grau.
- Quadril: movimento de flexão para leve abdução do direito e mantém a flexão do esquerdo.
- Joelho: de flexão para extensão do direito e leve flexão esquerda.
- Tornozelo: o direito está em flexão plantar na primeira figura e neutro no esquerdo; já na segunda foto os dois estão em flexão plantar.

**REALIZAÇÃO DO MOVIMENTO:** o praticante sentado sobre a bola realiza extensão da coluna acompanhada de uma flexão e abdução do quadril direito com o joelho estendido e membro inferior esquerdo em flexão de quadril e joelho e pé no solo.

**MÚSCULOS ATIVADOS:** por envolver um movimento complexo do corpo múltiplos músculos e articulações trabalham simultaneamente.

## NÍVEL E OBJETIVOS:

- Nível básico a moderado na execução;
- Realizar movimento no plano oblíquo do membro fletido na frente em cadeia aberta;
- Mobilizar a articulação da coluna em flexo-extensão e leve flexão lateral;
- Mobilizar as articulações do quadril em abdução, joelho em flexo-extensão e tornozelo em flexão plantar e flexão dorsal;
- Promover fortalecimento dos abdominais no MI elevado;
- Promover ativação dos músculos abdutores, flexores e extensores do quadril e joelho;
- Promover equilíbrio e trabalhar as reações posturais;
- Promover condicionamento físico, quando realizado várias vezes.

# RASTEIRA

Fig. 169

## POSIÇÕES E MOVIMENTOS ARTICULARES

- Coluna Cervical, Torácica e Lombar: flexão com flexão lateral em transição para rotação tronco inferior.
- Ombro: abdução do esquerdo e flexão do direito.
- Cotovelo: extensão em transição para leve flexão do esquerdo e flexão do direito.
- Quadril: realiza um movimento circular com a abdução direito e flexão do esquerdo.
- Joelho: flexão em transição para extensão do direito e aumento da flexão do esquerdo.
- Tornozelo: movimento de flexão dorsal em transição para inversão do direito e posição neutra em movimento para a flexão dorsal do esquerdo.

**REALIZAÇÃO DO MOVIMENTO:** o praticante sentado sobre a bola realiza um movimento em forma de círculo com o pé de trás, encosta a face lateral da coxa esquerda na bola e realiza uma rotação do tronco inferior.

**MÚSCULOS ATIVADOS: TRONCO:** trapézio, esternocleidomastoideo, platisma, supra hioide e infra hioide (Coluna Cervical) (isometria), oblíquos e reto abdominal. MMSS: manguito rotador, deltoide, romboides, trapézio médio (bilateral). MMII: iliopsoas, reto femoral, tensor da fáscia lata, sartório, pectíneo, grácil (flexão), glúteo máximo e médio, bíceps femoral, semitendinoso, semimembranoso, adutor magno na extensão (bipodal), adutor longo, curto e magno (perna estendida) quadríceps (perna estendida), iliopsoas e reto femoral (isométrico), tibial anterior e extensores dos dedos (perna fletida).

## NÍVEL E OBJETIVOS:

- Nível moderado na execução;
- Realizar movimento no plano oblíquo;
- Mobilizar a articulação do ombro em flexo-extensão;
- Mobilizar a coluna em rotação e flexão;
- Promover alongamento dos rotadores da coluna;
- Mobilizar as articulações do quadril e joelho em flexo-extensão e tornozelo em flexão plantar e flexão dorsal em cadeia fechada;
- Promover alongamento dos extensores e abdutores do quadril e extensores do joelho da perna estendida;
- Promover ativação dos músculos flexores e extensores, adutores e abdutores do quadril e flexores e extensores do joelho;
- Promover ativação dos músculos flexores plantares e dorsais;
- Promover equilíbrio.

# MEIA LUA (DE DENTRO PRA FORA COM A MÃO NA BOLA)

Fig. 170

## POSIÇÕES E MOVIMENTOS ARTICULARES

- Coluna Cervical, Torácica e Lombar: posição neutra para uma leve flexão.
- Cintura escapular: adução bilateral.
- Ombro: extensão com leve abdução.
- Cotovelo: flexão.
- Punho: extensão apoiado na bola
- Quadril: movimento de flexão com adução até abdução completa em movimento de círculo do direito e flexão do esquerdo.
- Joelho: de flexão para extensão do direito e flexão do esquerdo.
- Tornozelo: posição neutra.

**REALIZAÇÃO DO MOVIMENTO:** o praticante sentado sobre a bola realiza um movimento combinado de flexão, adução e abdução do quadril como joelho estendido, fazendo um movimento circular com o pé, elevando de dentro para fora.

**MÚSCULOS ATIVADOS: TRONCO:** reto abdominal, oblíquos. MMII: enfoque nos músculos do MI elevado: iliopsoas, reto femoral, pectíneo, tensor da fáscia lata, vastos (medial, intermédio e lateral), adutores, abdutores, tibial anterior e fibular terceiro. OBS.: por envolver um movimento complexo do corpo múltiplos músculos e articulações trabalham simultaneamente.

## NÍVEL E OBJETIVOS:

- Nível moderado alto na execução;
- Realizar movimento no plano oblíquo;
- Mobilizar as articulações do quadril em circundução (perna elevada) e joelho em flexo-extensão e tornozelo em flexão plantar e flexão dorsal;
- Promover fortalecimento dos abdominais com a perna elevada;
- Promover ativação dos músculos flexores, adutores e abdutores do quadril direito;
- Promover ativação dos músculos flexores e extensores do joelho e tornozelo;
- Trabalhar as reações posturais (equilíbrio, endireitamento e retificação);
- Trabalhar equilíbrio e coordenação;
- Trabalhar resistência quando executado várias vezes.

# MEIA- LUA (DE DENTRO PARA FORA COM A MÃO NO SOLO)

Fig. 171

## POSIÇÕES E MOVIMENTOS ARTICULARES

- Coluna Cervical: posição neutra. Torácica e Lombar: posição neutra ou com leve flexão com movimento em transição para uma leve extensão.
- Cintura escapular: abdução em transição para leve adução.
- Ombro: flexão do direito e abdução em transição para extensão do esquerdo.
- Punhos: posição neutra do esquerdo e extensão do direito.
- Cintura pélvica: leve retroversão.
- Quadril: movimento de flexão em transição para extensão e abdução da perna elevada e o outro permanece em flexão.
- Joelho: flexão em transição para extensão da perna elevada e o outro permanece em flexão.
- Tornozelo: movimento de flexão plantar em transição para flexão dorsal e o outro pé no solo permanece neutro.

**REALIZAÇÃO DO MOVIMENTO:** o praticante sentado sobre a bola realiza uma flexão e abdução do quadril e extensão do joelho fazendo um movimento circular com o pé elevado de dentro para fora.

**MÚSCULOS ATIVADOS: TRONCO:** (Cervical) esterno-cleidomastoideo, platisma, supra-hioide e infra-hioide (isométrico). Reto do abdome, oblíquos. MMSS: deltoide posterior, romboides, trapézio médio bilateral, peitoral maior (da mão apoiada no solo). MMII: iliopsoas, reto femoral, tensor da fáscia lata, sartório, pectíneo, grácil (flexão), glúteo máximo e médio, bíceps femoral, semitendinoso, semimembranoso, adutor magno na extensão (bipodal), iliopsoas e reto femoral isométrico (unipodal).

## NÍVEL E OBJETIVOS:

- Nível moderado na execução;
- Realizar movimento articular no plano oblíquo;
- Mobilizar a articulação do ombro em flexo-extensão;
- Mobilizar as articulações do quadril em abdução e flexão, joelho em flexo-extensão e tornozelo em flexão plantar e flexão dorsal em cadeia fechada;
- Promover ativação dos músculos flexores, extensores e abdutores do quadril e flexores e extensores do joelho;
- Promover equilíbrio e coordenação;
- Trabalhar resistência quando executado várias vezes.

# FLECHA

Fig. 172

## POSIÇÕES E MOVIMENTOS ARTICULARES

- Coluna Cervical, Torácica e Lombar: posição neutra em transição para uma leve extensão com flexão lateral.
- Ombro: abdução e adução.
- Cotovelo: movimento de extensão em transição para flexão do esquerdo e movimento de flexão em transição para extensão do direito.
- Punho: movimento de extensão para posição neutra do direito e posição neutra do esquerdo.
- Quadril: movimento de flexão de 90° em transição para leve extensão do MI (de cima) e/ou bilateral.
- Joelho: de flexão para extensão (com a variação um dos joelhos fica fletido).
- Tornozelo: movimento de flexão dorsal para flexão plantar.

**REALIZAÇÃO DO MOVIMENTO:** o praticante sentado sobre a bola realiza um movimento na diagonal retirando os dois pés e estendendo um ou os dois joelhos com um dos antebraços como apoio no solo.

**MÚSCULOS ATIVADOS: TRONCO:** (Cervical) trapézio fibras superiores, esplênio da cabeça e do pescoço, esternocleidomastoideo, escaleno médio, supra-hioide e infra-hioide (isometria) Tronco: paravertebrais, interespinhais oblíquos, quadrado lombar e reto abdominal. MMSS: deltoide posterior e lateral, romboides, trapézio médio (bilateral), manguito rotador, coracobraquial, tríceps, ancôneo do braço apoiado no solo. MMII: iliopsoas, reto femoral, tensor da fáscia lata, sartório, pectíneo, grácil (flexão), glúteo máximo e médio, bíceps femoral, semitendinoso, semimembranoso, adutor magno, curto e longo (na extensão).

OBS.: movimento complexo que faz uso de grande parte dos músculos do corpo.

## NÍVEL E OBJETIVOS:

- Nível avançado na execução;

- Realizar movimento de balanço no plano sagital;

- Promover ativação e fortalecimento dos músculos do braço quando apoiado no solo;

- Promover ativação e fortalecimento dos músculos do tronco e dos adutores do quadril;

- Promover ativação dos músculos flexores e extensores do quadril e joelho;

- Promover ativação dos músculos flexores plantares e dorsais;

- Promover equilíbrio e coordenação.

# COMPASSO

Fig. 173

## POSIÇÕES E MOVIMENTOS ARTICULARES

- Coluna Cervical, Torácica e Lombar: da posição neutra em transição para uma leve flexão.
- Ombro: abdução horizontal em transição para flexão.
- Cotovelo: flexão bilateral.
- Punho: posição neutra para extensão do direito.
- Quadril: abdução bilateral em transição para leve flexão com abdução.
- Joelho: flexão em transição para extensão da perna que gira.
- Tornozelo: flexão plantar em transição para flexão dorsal direita.

**REALIZAÇÃO DO MOVIMENTO:** o praticante com a lateral esquerda do tronco sobre a bola e a mão esquerda como apoio no solo realiza uma abdução da perna direita com extensão do joelho, roda o tronco sobre a bola para a esquerda e apoia a mão direita no solo.

**MÚSCULOS ATIVADOS: TRONCO:** oblíquos, quadrado lombar, reto abdominal, eretores da espinha e interespinhais. MMSS: manguito rotador, deltoide, peitoral maior, romboides, trapézio médio (bilateral). MMII: **glúteo** médio, mínimo e máximo, iliopsoas, reto femoral, tensor da fáscia lata, sartório, pectíneo (da perna que está por cima).

## NÍVEL E OBJETIVOS:

- Nível moderado na execução;
- Realizar movimento no plano oblíquo;
- Mobilizar a articulação do quadril em abdução;
- Promover alongamento dos flexores do joelho na posição final;
- Promover ativação e fortalecimento dos músculos flexores laterais do tronco que estão por cima da bola;
- Promover ativação dos músculos abdutores do quadril;
- Promover equilíbrio e coordenação.

# AÚ - PARADA DE MÃO

Fig. 174

## POSIÇÕES E MOVIMENTOS ARTICULARES

- Coluna Cervical, Torácica e Lombar: posição de flexão lateral em transição para flexão finalizando com uma extensão da lombar.
- Ombro: adução do esquerdo em transição para abdução. Flexão do direito em transição para abdução.
- Cotovelo: flexão bilateral.
- Punhos: extensão
- Quadril: flexão bilateral.
- Joelho: flexão do direito e extensão do esquerdo em transição para extensão, finalizando para flexão bilateral.
- Tornozelo: de flexão dorsal em transição para flexão plantar.

**REALIZAÇÃO DO MOVIMENTO:** o praticante com a lateral esquerda do tronco sobre a bola realiza uma flexão lateral da coluna para a esquerda, retira o pé que está atrás e roda o corpo sobre a bola encostando a região do dorso e do pescoço na bola. Passa o pé esquerdo por cima do outro pé, apoiando na mesma linha do pé direito, transfere o peso do corpo para as mãos e para bola, retira os pés do solo e fica na parada de mão.

**MOVIMENTO COMPLEXO:** envolvendo múltiplos músculos da coluna dos membros superiores e inferiores.

## NÍVEL E OBJETIVOS:

- Nível avançado na execução;
- Realizar movimento no plano oblíquo;
- Mobilizar a articulação da coluna em flexão e flexão lateral;
- Mobilizar as articulações do quadril e joelho em flexo-extensão e abdução e o tornozelo em flexão plantar e flexão dorsal em cadeia fechada;
- Promover alongamento dos extensores da coluna e do quadril quando os dois pés estão apoiados no solo;
- Promover ativação dos músculos flexores e extensores do tronco;
- Promover ativação e fortalecimento dos músculos da cintura escapular na parada de mão;
- Promover equilíbrio.
- Aumentar a pressão intracraniana e o retorno venoso.

# AÚ - PARADA DE MÃO COMPLETO

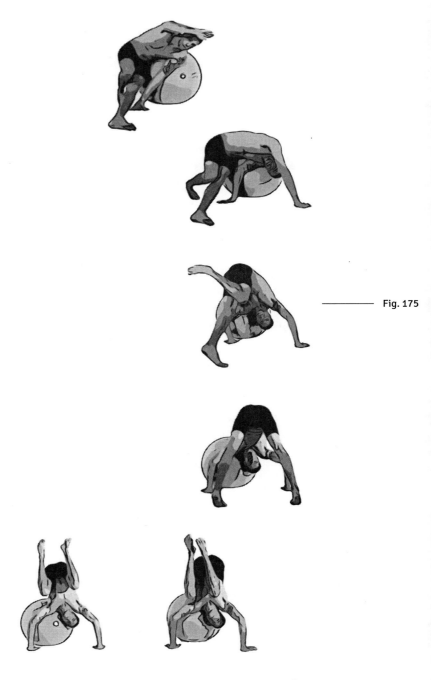

Fig. 175

# EDUCATIVOS DE COSTAS

Os próximos exercícios ilustrados são feitos na posição primária de costas. A posição inicial sempre terá como base de apoio os pés, às vezes as mãos e a bola. O contato do corpo com a bola será o dorso. Sempre bom observar e analisar esses exercícios para que sejam aplicados de forma correta, pois a depender do paciente, aluno e/ou praticante poderá haver contraindicação. É necessário que seja identificado por cada profissional da área. A maioria desses exercícios apresentam uma análise cinesiológica contendo informações como: a realização do movimento, posições e movimentos articulares, músculos ativados e objetivos com o propósito de ajudar o entendimento do leitor.

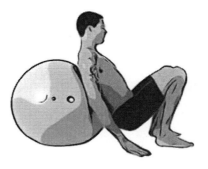

# ALONGANDO O ABDOME

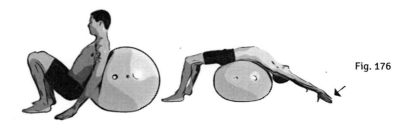

Fig. 176

## POSIÇÕES E MOVIMENTOS ARTICULARES

- Coluna Cervical, Torácica e Lombar: da posição neutra para hiperextensão.
- Cintura Escapular: posição neutra para rotação para cima.
- Ombro: da extensão para flexão de 180° e rotação externa bilateral.
- Cotovelo: movimento de leve flexão para a extensão com pronação.
- Punhos: posição neutra para leve extensão
- Quadril: da flexão de 90° para extensão total.
- Joelho: movimento de flexão para leve extensão.
- Tornozelo: da flexão dorsal para flexão plantar.

**REALIZAÇÃO DO MOVIMENTO:** o praticante com as costas sobre a bola realiza uma extensão do quadril e joelho, movimentando a bola para trás, abduz e aduz totalmente os membros superiores, acompanhada de hiperextensão da coluna.

**MÚSCULOS ATIVADOS:** TRONCO: (trapézio superior, esplênio da cabeça e pescoço região cervical), eretores da espinha, interespinhais. MMSS: deltoide, coracobraquial, peitoral maior na flexão de 180°, bíceps braquial, braquial. MMII: iliopsoas, reto femoral, tensor da fáscia lata, sartório, pectíneo, grácil (na flexão), glúteo máximo e médio, bíceps femoral, semitendinoso, semimembranoso e adutor magno (na extensão).

## NÍVEL E OBJETIVOS:

- Nível básico na execução;
- Realizar movimento de balanço no plano sagital;
- Mobilizar a coluna da posição neutra para extensão;
- Mobilizar as articulações da coluna e do quadril e joelho em flexo-extensão e tornozelo em flexão plantar e flexão dorsal;
- Promover alongamento dos flexores do tronco (abdominais);
- Promover ativação dos músculos flexores e extensores do quadril e joelho em cadeia fechada.

## ALONGAMENTO COMPLETO

Fig. 177

## POSIÇÕES E MOVIMENTOS ARTICULARES

- Coluna Cervical, Torácica e Lombar: posição neutra em transição para extensão.
- Ombro: extensão em transição para flexão de 180° com rotação externa.
- Cotovelo: movimento de leve flexão transição para a extensão com pronação.
- Punho: posição neutra em transição para extensão.
- Quadril: flexão de 90° em transição para extensão total ou flexão com o membro elevado (variação).
- Joelho: flexão em transição para extensão total.
- Tornozelo: flexão dorsal em transição para flexão plantar.

**REALIZAÇÃO DO MOVIMENTO:** o praticante com as costas na bola realiza uma extensão do quadril e do joelho, movimenta a bola para trás abduzindo totalmente os membros superiores acompanhada de uma hiperextensão da coluna e finaliza com flexão do quadril e extensão do joelho da perna elevada.

**MÚSCULOS ATIVADOS:** CERVICAL: trapézio superior, esplênio da cabeça e pescoço. MMSS: deltoide, coracobraquial na flexão de 180°, bíceps braquial e braquial. MMII: glúteo máximo, glúteo médio (fibras posteriores), isquiotibiais, adutores, iliopsoas, reto femoral, vastos, sóleo, gastrognêmio (da perna elevada).

## NÍVEL E OBJETIVOS:

- Nível moderado na execução;
- Realizar movimento de balanço no plano sagital;
- Mobilizar as articulações da coluna, quadril e joelho em flexo--extensão e tornozelo em flexão plantar e flexão dorsal;
- Mobilizar a coluna da posição neutra para extensão;
- Promover alongamento da cadeia anterior do tronco e dos flexores do quadril;
- Promover ativação dos músculos flexores e extensores do quadril e joelho;
- Promover trabalho de equilíbrio.

# BALANÇO ROTACIONAL DO TRONCO

Fig. 178

## POSIÇÕES E MOVIMENTOS ARTICULARES

- Coluna Cervical, Torácica e Lombar: leve flexão acompanhada de rotação.
- Ombro: leve adução com flexão bilateral.
- Cotovelo: flexão bilateral.
- Punho e dedos: neutro.
- Quadril: adução em transição para abdução de forma alternada.
- Joelho: leve flexão com alternância de rotação interna e externa.
- Tornozelo: neutro.

**REALIZAÇÃO DO MOVIMENTO:** o praticante com as costas sobre a bola realiza uma leve rotação do tronco, rolando a bola para um lado e para o outro. Os membros superiores ficam aduzidos horizontalmente com flexão do cotovelo e os membros inferiores realizam uma leve adução e abdução alternada.

**MÚSCULOS ATIVADOS:** Cervical: esternocleidomastoideo, platisma, complexo hioide, TRONCO: reto abdominal, oblíquo interno e externo, eretores da espinha e interespinhais. MMSS: deltoide, peitoral maior, coracobraquial, bíceps braquial e braquial bilateral (isometria). MMII: iliopsoas, reto femoral, adutor magno, longo, curto, pectíneo (membro em adução), glúteo médio e tensor da fáscia lata (membro em abdução).

## NÍVEL E OBJETIVOS:

- Nível básico na execução;
- Realizar movimento no plano transversal;
- Mobilizar a coluna em flexão e rotação;
- Promover fortalecimento dos abdominais e rotadores;
- Promover ativação dos músculos adutores e abdutores do quadril e joelho em cadeia fechada;
- Promover equilíbrio e coordenação.

# BALANÇO ROTACIONAL DO TRONCO COM OS MMSS ADUZIDOS HORIZONTALMENTE

Fig. 179

## POSIÇÕES E MOVIMENTOS ARTICULARES

- Coluna Cervical, Torácica e Lombar: leve flexão acompanhado de rotação.
- Ombro: adução horizontal com leve flexão bilateral.
- Cotovelo: extensão bilateral.
- Punho e dedos: neutro.
- Quadril: adução em transição para abdução de forma alternada.
- Joelho: flexão, rotação interna e externa de forma alternada.
- Tornozelo: neutro.

**REALIZAÇÃO DO MOVIMENTO:** o praticante com as costas na bola realiza uma rotação total do tronco e os membros superiores ficam aduzidos horizontalmente com extensão do cotovelo e palma das mãos unidas.

**MÚSCULOS ATIVADOS:** Cervical: esternocleidomastoideo, platisma, complexo hioide, TRONCO: reto abdominal, oblíquo interno e externo. MMSS: deltoide, peitoral maior, grande dorsal, serrátil anterior, coracobraquial, bíceps braquial, tríceps e ancôneo (isometria). MMII: iliopsoas, reto femoral, adutor magno, longo, curto, pectíneo (membro em adução), glúteo médio e tensor da fáscia lata (membro em abdução).

## NÍVEL E OBJETIVOS:

- Nível básico na execução;
- Realizar movimento no plano transversal;
- Mobilizar a coluna em leve flexão e rotação;
- Promover fortalecimento dos abdominais e rotadores;
- Promover ativação dos músculos adutores do ombro em cadeia fechada;
- Promover ativação dos músculos adutores e abdutores do quadril em cadeia fechada;
- Promover equilíbrio.

# BALANÇO ROTACIONAL COM FLEXÃO DO TRONCO

Fig. 180

## POSIÇÕES E MOVIMENTOS ARTICULARES

- Coluna Cervical, Torácica e Lombar: movimento sai da posição neutra em transição para flexão acompanhada de rotação.
- Cintura escapular: posição neutra em transição para abdução.
- Ombro: leve flexão bilateral.
- Cotovelo: flexão bilateral.
- Punho e dedos: neutro ou leve flexão.
- Quadril: extensão em transição para flexão.
- Joelho: leve flexão com rotação interna e externa de forma alternada para cada membro.
- Tornozelo: neutro.

**REALIZAÇÃO DO MOVIMENTO:** o praticante com as costas na bola realiza uma flexão do tronco acompanhado de rotação. Os membros superiores ficam em flexão de ombro e cotovelo e os membros inferiores realizam uma flexão e extensão leve de quadril e joelho, respectivamente.

**MÚSCULOS ATIVADOS:** Cervical: esternocleidomastoideo, platisma, complexo hioide. TRONCO: reto abdominal, oblíquo interno e externo. MMSS: deltoide, peitoral maior, coracobraquial, bíceps braquial e braquial (isométrico). MMII: iliopsoas, reto femoral, adutor magno, longo, curto, pectíneo (membro em adução), glúteo médio, tensor da fáscia lata (membro em abdução).

## NÍVEL E OBJETIVOS:

- Nível básico na execução;
- Realizar movimento no plano oblíquo;
- Mobilizar a coluna em flexão e rotação;
- Promover fortalecimento dos abdominais e rotadores da coluna;
- Promover ativação dos músculos flexores, adutores e abdutores do quadril e joelho em cadeia fechada;
- Promover equilíbrio e coordenação.

## ALONGAMENTO NA DIAGONAL

Fig. 181

## POSIÇÕES E MOVIMENTOS ARTICULARES

- Coluna Cervical, Torácica e Lombar: posição neutra em transição para flexão lateral com extensão e rotação.
- Ombro: movimento sai da adução em transição para flexão.
- Cotovelo: leve flexão em transição para extensão do membro apoiado no solo.
- Punho e dedos: neutra em transição para extensão da mão apoiada.
- Quadril: flexão em transição para extensão.
- Joelho: flexão em transição para extensão.
- Tornozelo: neutra em transição para eversão e inversão alternada.

**REALIZAÇÃO DO MOVIMENTO:** partindo da posição primária de costas e um dos membros superiores em adução, o praticante realiza extensão do quadril e do joelho acompanhada de uma rotação do tronco para o lado do membro superior aduzido. O mesmo membro superior encosta a mão no solo.

**MÚSCULOS ATIVADOS: TRONCO:** oblíquos, eretores da espinha, quadrado lombar, interespinhal, multífidos, longo do dorso, semiespinhal e rotadores. MMII: glúteo máximo, vastos, reto femoral, isquiotibiais (porção proximal) e adutores.

# NÍVEL E OBJETIVOS:

- Nível básico na execução;
- Realizar movimento no plano oblíquo;
- Mobilizar a coluna da posição neutra em transição para extensão, flexão lateral e rotação;
- Mobilizar as articulações do quadril e do joelho em flexo-extensão;
- Promover alongamento dos oblíquos;
- Promover ativação dos músculos flexores e extensores do quadril e joelho em cadeia fechada.

# PONTE

Fig. 182

## POSIÇÕES E MOVIMENTOS ARTICULARES

- Coluna Cervical, Torácica e Lombar: extensão em transição para hiperextensão do tronco inferior.
- Cintura Escapular: posição neutra em transição para rotação para cima.
- Ombro: extensão em transição para flexão bilateral.
- Cotovelo: leve flexão em transição para extensão com leve supinação bilateral.
- Punho e dedos: movimento sai da extensão para a posição neutra.
- Quadril: movimento de adução com flexão em transição para extensão.
- Joelho: movimento de flexão em transição para leve extensão.
- Tornozelo: posição neutro.

**REALIZAÇÃO DO MOVIMENTO:** o praticante com as costas (região da cervical e dorso superior) na bola realiza uma extensão do tronco inferior, quadril e joelho afastando o glúteo do solo e alinhando-o na altura do joelho. Finaliza com uma flexão total do ombro.

**MÚSCULOS ATIVADOS: TRONCO:** eretores da espinha, quadrado lombar, interespinhal, multífidos, longo do dorso e semiespinhal. MMSS: deltoide, coracobraquial, bíceps braquial, tríceps e ancôneo. MMII: glúteo máximo, médio (porção posterior), adutor magno, longo, curto, bíceps (porção longa), semitendinoso e semimembranoso.

## NÍVEL E OBJETIVOS:

- Nível básico a moderado na execução;
- Realizar movimento no plano sagital;
- Trabalhar o equilíbrio;
- Mobilizar tronco inferior em flexo-extensão;
- Promover fortalecimento dos extensores da coluna e dos extensores do quadril;
- Promover ativação dos músculos flexores do ombro em cadeia aberta;
- Promover ativação dos músculos adutores e extensores do quadril e flexores e extensores do joelho em cadeia fechada.

# DEPRESSÃO E ELEVAÇÃO ESCAPULAR

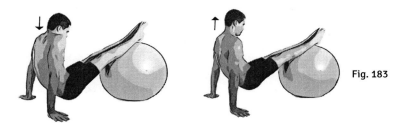

Fig. 183

## POSIÇÕES E MOVIMENTOS ARTICULARES

- Coluna Cervical, Torácica e Lombar: leve flexão.
- Cintura Escapular: elevação em transição para depressão.
- Ombro: extensão bilateral.
- Cotovelo: extensão bilateral.
- Punho e dedos: extensão.
- Quadril: adução com flexão.
- Joelho: extensão.
- Tornozelo: flexão plantar.

**REALIZAÇÃO DO MOVIMENTO:** com a face posterior da perna sobre a bola e as mãos no solo o praticante empurra a mão contra o solo, ergue o tronco e deprime a cintura escapular mantendo o cotovelo estendido durante todo o movimento.

**MÚSCULOS ATIVADOS: TRONCO:** eretores da espinha, reto abdominal e oblíquos. MMSS: elevador da escápula, trapézio fibras médias e inferiores, deltoide (porção posterior), peitoral maior e menor, serrátil anterior, manguito rotador, tríceps, ancôneo e extensores do punho. MMII: vastos, reto femoral, glúteo médio (porção anterior), iliopsoas, adutor magno, longo, curto, bíceps (porção longa), semitendinoso e semimembranoso.

## NÍVEL E OBJETIVOS:

- Nível moderado na execução;
- Realizar movimento no plano sagital;
- Trabalhar o equilíbrio;
- Mobilizar cintura escapular em depressão e elevação;
- Promover fortalecimento dos extensores do cotovelo simetricamente;
- Promover ativação dos músculos depressores e elevadores da escápula em cadeia fechada;
- Promover ativação dos músculos adutores do quadril;
- Promover ativação dos músculos abdominais para estabilizar o tronco e a bola deslize para os lados.

# BALÃO

Esse movimento requer um domínio e um ótimo equilíbrio sobre a bola. Com a região lateral e posterior do tronco em contato direto com a bola o praticante joga as pernas por cima da bola, podendo ser feito com os joelhos fletidos ou estendidos como mostra a figura central. Esse movimento é realizado no plano oblíquo e envolve múltiplas articulações. Desenvolve equilíbrio, coordenação de movimento entre esqueleto axial com o apendicular, autoconfiança com a bola e possibilita transferência de peso entre os pés e as mãos, usado nas performances com a dança e a capoeira.

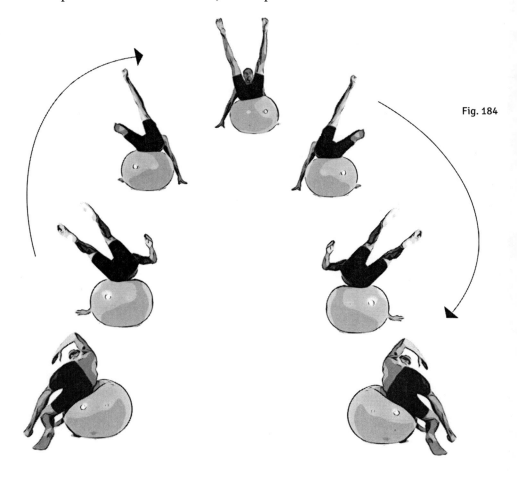

Fig. 184

# EDUCATIVOS DE PEITO

Os exercícios ilustrados são feitos na posição primária de peito. A posição inicial sempre terá como base de apoio as mãos e a bola e o contato do corpo na bola será o peito e às vezes o abdome. Alguns desses exercícios foram extraídos da literatura e denominados como convencionais, enquanto outros exercícios fazem parte da metodologia Samiball e foram criados a partir das fontes inspiradoras. Sempre bom observar e analisar esses exercícios para serem aplicados de forma correta, pois a depender do paciente, aluno e praticante poderá haver contraindicação. É necessário ser identificado por cada profissional da área. A maioria desses exercícios apresentam uma análise cinesiológica contendo informações como: a realização do movimento, posições e movimentos articulares, músculos ativados e objetivos. Tudo para ajudar o entendimento do leitor.

# PONTOS BÁSICOS

## Algumas observações da posição de peito

### Posições articulares ideais:

Fig. 185

- 0° de quadril.
- 0° de joelho.
- Tornozelo em posição neutra.
- Centro gravitacional em uma posição ideal.
- Curvaturas da coluna presente.

### Posição com alterações angulares das articulações:

Fig. 186

- Ângulo de 30° a 40° do quadril.
- Bola mais inflada.
- Centro gravitacional mais alto.
- Tornozelo em flexão plantar.
- Retificação da curvatura da coluna torácica e lombar.

# PRANCHA APOIADA

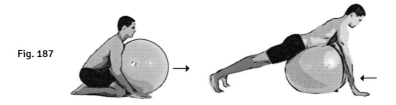

Fig. 187

## POSIÇÕES E MOVIMENTOS ARTICULARES

- Coluna Cervical, Torácica e Lombar: leve flexão em transição para extensão neutra.
- Ombro: leve flexão em transição para flexão de 90°.
- Cotovelo: flexão em transição para extensão.
- Punho e dedos: da posição neutra em transição para extensão.
- Quadril: flexão em transição para extensão.
- Joelho: flexão em transição para extensão.
- Tornozelo: da flexão plantar em transição para posição neutra.

**REALIZAÇÃO DO MOVIMENTO:** o praticante realiza uma extensão total dos membros inferiores empurrando a bola para frente com apoio das mãos no solo e ombro em flexão. Retorna o movimento com uma flexão do joelho e quadril rolando a bola para trás sentando no calcanhar.

**MÚSCULOS ATIVADOS:** TRONCO: eretores da espinha e trapézio superior. MMSS: deltoide anterior, bíceps (porção longa), peitoral maior e menor, serrátil anterior, trapézio fibras médias, tríceps, coracobraquial, grande dorsal, manguito rotador. MMII: glúteos, quadríceps e tríceps sural.

## NÍVEL E OBJETIVOS:

- Nível básico na execução;
- Realizar movimento no plano sagital;
- Mobilizar a coluna da posição neutra para extensão;
- Mobilizar as articulações do quadril e do joelho em flexo-extensão;
- Promover ativação dos músculos flexores e extensores do quadril e joelho em cadeia fechada;
- Promover ativação dos músculos da cintura escapular e do ombro;
- Trabalhar a força do músculo diafragma gerado pela resistência na bola sobre o abdome.

# HIPEREXTENSÃO DO TRONCO SUPERIOR APOIANDO NA BOLA

Fig. 188

## POSIÇÕES E MOVIMENTOS ARTICULARES

- Coluna Cervical, Torácica e Lombar: posição neutra em transição para hiperextensão.
- Ombro: flexão em transição para extensão.
- Cotovelo: extensão em transição para leve flexão.
- Punho e dedos: extensão apoiado no solo para a bola.
- Quadril: extensão em transição para hiperextensão.
- Joelho: extensão.
- Tornozelo: neutra em transição para flexão plantar.

**REALIZAÇÃO DO MOVIMENTO:** praticante com o abdome e peito sobre a bola retira a mão do solo, estende a coluna e apoia as mãos na bola.

**MÚSCULOS ATIVADOS:** TRONCO: eretores da espinha, quadrado lombar e trapézio superior. MMSS: deltoide anterior, bíceps (porção longa), peitoral maior e menor, serrátil anterior, trapézio fibras médias, tríceps, coracobraquial, grande dorsal, manguito rotador. MMII: glúteos, isquiotibiais (porção proximal), quadríceps e tríceps sural.

## NÍVEL E OBJETIVOS:

- Nível básico na execução;
- Realizar movimento no plano sagital;
- Mobilizar a coluna da posição neutra para extensão;
- Mobilizar a cintura escapular de abdução para adução;
- Trabalhar propriocepção da cintura escapular, ombro, cotovelo e punho;
- Promover ativação dos músculos extensores da coluna;
- Trabalhar o equilíbrio;
- Promover ativação dos músculos adutores e extensores do ombro.

# PRANCHA COM APOIO DO ANTEBRAÇO NA BOLA

Fig. 189

## POSIÇÕES E MOVIMENTOS ARTICULARES

- Coluna Cervical, Torácica e Lombar: posição neura em transição para leve flexão.
- Cintura escapular: adução em transição para abdução.
- Ombro: extensão neutra em transição para flexão.
- Cotovelo: flexão bilateral em transição para pronação e flexão.
- Punho e dedos: posição neutra em transição para leve flexão bilateral.
- Quadril: extensão bilateral.
- Joelho: extensão bilateral.
- Tornozelo: posição neutra.

**REALIZAÇÃO DO MOVIMENTO:** o praticante com o abdome e as mãos em contato com a bola desencosta-os, apoia o antebraço e realiza uma leve flexão da coluna.

**MÚSCULOS ATIVADOS:** TRONCO: reto abdominal, interespinhais, transverso do abdome, eretores da espinha, trapézio superior e médio. MMSS: trapézio médio, romboides, grande dorsal, deltoide (porção anterior), manguito rotador, coracobraquial, tríceps e ancôneo. MMII: glúteo máximo, quadríceps (isometria) e adutores.

## NÍVEL E OBJETIVOS:

- Nível moderado na execução;
- Realizar movimento no plano sagital;
- Ativar de forma isométrica os músculos da cintura escapular, ombro e coluna;
- Promover ativação dos músculos flexores da coluna;
- Trabalhar propriocepção da articulação da cintura escapular e do ombro;
- Promover ativação dos músculos laterais do tronco (para não deixar a bola rolar para os lados);
- Promover equilíbrio;
- Promover trabalho de fortalecimento isométrico da cintura escapular.

# EXTENSÃO DO TRONCO SUPERIOR COM AS MÃOS ATRÁS DA CABEÇA

Fig. 190

## POSIÇÕES E MOVIMENTOS ARTICULARES

- Coluna Cervical, Torácica e Lombar: posição neutra em transição para a hiperextensão.
- Ombro: abdução horizontal.
- Cotovelo: flexão.
- Punho e dedos: extensão neutra.
- Quadril: extensão.
- Joelho: extensão.
- Tornozelo: posição neutra.

**REALIZAÇÃO DO MOVIMENTO:** o praticante com o abdome sobre a bola e as mãos entrelaçadas atrás da cabeça realiza uma hiperextensão do tronco superior.

**MÚSCULOS ATIVADOS:** TRONCO: eretores da espinha, quadrado lombar MMSS: abdutores horizontais, romboides, trapézio médio e redondo menor. MMII: glúteo máximo e quadríceps (isometria).

## NÍVEL E OBJETIVOS:

- Nível básico na execução;
- Realizar movimento no plano sagital;
- Mobilizar a coluna da posição neutra para extensão;
- Ativar de forma isométrica os músculos da cintura escapular e ombro;
- Promover ativação e fortalecimento dos músculos extensores da coluna;
- Trabalhar equilíbrio;
- Promover ativação dos músculos laterais do tronco (para não deixar a bola rolar para os lados).

## RETIRADA ALTERNADA DOS MEMBROS

Fig. 191

## POSIÇÕES E MOVIMENTOS ARTICULARES

- Coluna Cervical: neutra. Torácica e Lombar: posição neutra para uma leve extensão.
- Ombro: flexão de 180° em apenas um dos ombros, alternando os membros.
- Punho e dedos: da extensão com a mão apoiada no solo em transição para a posição neutra quando eleva o braço.
- Quadril: posição de leve flexão em transição para a posição de extensão do membro que está em cima.
- Joelho: leve flexão da perna que está elevada.
- Tornozelo: flexão plantar em transição para a flexão dorsal do membro que está elevado.

**REALIZAÇÃO DO MOVIMENTO:** o praticante retira o apoio dos membros no solo de forma alternada com o membro superior contralateral.

**MÚSCULOS ATIVADOS:** TRONCO: eretores da espinha e quadrado lombar (membro inferior elevado). MMSS: deltoide, coracobraquial, bíceps porção longa, peitoral maior, serrátil anterior e trapézio fibras médias (membro superior elevado) MMII: glúteos, isquiotibiais e tríceps sural (membro inferior elevado).

## NÍVEL E OBJETIVOS:

- Nível básico na execução;
- Realizar movimento no plano sagital;
- Realizar transferência de peso nos membros de forma alternada;
- Promover ativação dos músculos da cintura escapular, coluna e quadril;
- Promover equilíbrio e coordenação;
- Promover alinhamento da coluna;
- Mobilizar e fortalecer (isometria) os ombros e quadris em flexo-extensão.

## CACHORRO OLHANDO PARA BAIXO

Fig. 192

## POSIÇÕES E MOVIMENTOS ARTICULARES

- Coluna Cervical, Torácica e Lombar: posição neutra em transição para leve flexão apenas a cervical apresenta em leve extensão.
- Cintura escapular: movimento de abdução em transição para rotação para cima.
- Ombro: movimento de flexão de 90° em transição para flexão de 180°.
- Cotovelo: extensão.
- Punho e dedos: extensão bilateral.
- Quadril: movimento de extensão em transição para flexão.
- Joelho: extensão bilateral.
- Tornozelo: posição neutra em transição para flexão dorsal.

**REALIZAÇÃO DO MOVIMENTO:** o praticante com a região anterior do tronco encostado na bola realiza uma flexão de ombro empurrando a bola para trás e eleva o quadril sem perder o contato com a bola.

**MÚSCULOS ATIVADOS: TRONCO:** transverso do abdome, reto abdominal, eretores da espinha, intertransversos,e paravertebrais. MMSS: manguito rotador, romboides, trapézio, deltoide, coracobraquial, tríceps, ancôneo e extensores do punho. MMII: iliopsoas, vastos, reto femoral e tibial anterior.

## NÍVEL E OBJETIVOS:

- Nível básico na execução;
- Realizar movimento no plano sagital;
- Promover alongamento da musculatura posterior dos membros inferiores;
- Mobilizar o quadril em flexo-extensão;
- Mobilizar o tornozelo em flexão dorsal e plantar;
- Mobilizar o ombro em flexo-extensão e a cintura escapular em rotação para cima;
- Promover propriocepção da articulação do ombro;
- Movimentar os membros em cadeia cinética fechada.

## BALANÇO ALTERNADO

Fig. 193

### POSIÇÕES E MOVIMENTOS ARTICULARES

- Coluna Cervical, Torácica e Lombar: posição neutra
- Ombro: flexão com abdução.
- Cotovelo: flexão.
- Punho e dedos: extensão.
- Quadril: flexão em transição para leve extensão.
- Joelho: movimento de flexão em transição para leve extensão.
- Tornozelo: movimento da flexão dorsal em transição para flexão plantar.

**REALIZAÇÃO DO MOVIMENTO:** o praticante impulsiona o corpo para frente, retira os pés do solo mantendo o quadril em cima da bola e apoia as mãos no solo parando o movimento com os membros superiores. Depois retorna para a posição inicial.

**MÚSCULOS ATIVADOS: TRONCO:** eretores da espinha, quadrado lombar e paravertebrais. MMSS: deltoide, peitoral maior, serrátil anterior, romboides, trapézio médio e superior e tríceps. MMII: glúteo máximo, isquiotibiais, sóleo e gastrocnêmio.

## NÍVEL E OBJETIVOS:

- Nível básico na execução;
- Praticar a transferência de peso alternando o apoio das mãos com os pés;
- Ativar e fortalecer os músculos da cintura escapular e do ombro;
- Trabalhar o equilíbrio;
- Trabalhar a propriocepção dos MMSS.

# TRANSFERÊNCIA DE PEITO PARA PRANCHA

Fig. 194

## POSIÇÕES E MOVIMENTOS ARTICULARES

- Coluna Cervical, Torácica e Lombar: leve flexão em transição para extensão.
- Ombro: extensão em transição para flexão.
- Cotovelo: flexão em transição para extensão.
- Punho e dedos: leve flexão em transição para extensão.
- Quadril: flexão em transição para extensão.
- Joelho: flexão em transição para extensão.
- Tornozelo: flexão dorsal em transição para flexão plantar.

**REALIZAÇÃO DO MOVIMENTO:** o praticante impulsiona o corpo para frente, retira os pés do solo com a perna em cima da bola, tronco ereto e apoio das mãos no solo parando o movimento. Retorna à posição inicial com um impulso dos membros superiores para trás.

**MÚSCULOS ATIVADOS: TRONCO:** eretores da espinha, quadrado lombar, paravertebrais e transverso do abdome. MMSS: deltoide, peitoral maior, serrátil anterior, romboides, trapézio médio e superior e tríceps. MMII: glúteo máximo, isquiotibiais, sóleo e gastrocnêmio.

## NÍVEL E OBJETIVOS:

- Nível básico a moderado na execução;
- Praticar transferência de peso alternando as mãos e os pés;
- Fortalecer o tríceps braquial e outros músculos da cintura escapular em cadeia fechada;
- Trabalhar equilíbrio;
- Ativar e fortalecer as musculaturas do abdome, tronco posterior e extensores do quadril.

# ROTAÇÃO PARCIAL DO TRONCO

Fig. 195

## POSIÇÕES E MOVIMENTOS ARTICULARES

- Coluna Cervical, Torácica e Lombar: da posição neutra em transição para rotação.
- Ombro: movimento de adução em transição para abdução (alternado).
- Cotovelo: extensão bilateral.
- Punho e dedos: extensão bilateral.
- Quadril: extensão bilateral.
- Joelho: extensão bilateral.
- Tornozelo: neutro com apoio dos dedos.

**REALIZAÇÃO DO MOVIMENTO:** o praticante realiza uma rotação do tronco com o tórax apoiado sobre a bola.

**MÚSCULOS ATIVADOS: TRONCO:** oblíquo interno e externo e rotadores da coluna. MMSS: peitoral maior, deltoide e coracobraquial.

## NÍVEL E OBJETIVOS:

- Nível básico na execução;
- Realizar o movimento no plano transverso;
- Mobilizar a coluna em rotação;
- Mobilizar o ombro em adução horizontal e abdução horizontal;
- Realizar alongamento dos flexores do cotovelo e flexores do punho;
- Ativar os músculos rotadores do tronco;
- Promover propriocepção da articulação do ombro.

# ROTAÇÃO TOTAL DO TRONCO COM A RETIRADA DE UM MEMBRO SUPERIOR DO SOLO (VARIAÇÃO)

Fig. 196

## POSIÇÕES E MOVIMENTOS ARTICULARES

- Coluna Cervical, Torácica e Lombar: neutra em transição para rotação.
- Ombro: adução horizontal em transição para abdução horizontal.
- Cotovelo: extensão.
- Punho e dedos: extensão.
- Quadril: extensão.
- Joelho: extensão.
- Tornozelo: neutra.

**REALIZAÇÃO DO MOVIMENTO:** o praticante realiza uma rotação do tronco com o tórax apoiado sobre a bola e retira uma das mãos do solo rolando a bola para o mesmo lado da rotação.

**MÚSCULOS ATIVADOS:** TRONCO: oblíquo interno e externo e rotadores da coluna. MMSS: peitoral maior, deltoide, coracobraquial, rombóides e trapézio fibras médias (membro elevado).

## NÍVEL E OBJETIVOS:

- Nível básico na execução;
- Realizar movimento no plano transversal;
- Mobilizar a coluna em rotação;
- Ativar os músculos laterais do tronco e os paravertebrais;
- Promover alongamento dos músculos rotadores do tronco;
- Promover mobilização do ombro e da cintura escapular de abdução para adução horizontal e retração e abdução, respectivamente;
- Promover alongamento do peitoral maior e dos flexores do cotovelo e punho;
- Trabalhar equilíbrio;
- Trabalhar propriocepção de ombro.

# ABDOMINAL SENTADO SOBRE OS CALCANHARES

Fig. 197

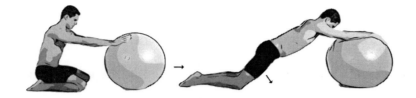

## POSIÇÕES E MOVIMENTOS ARTICULARES

- Coluna Cervical, Torácica e Lombar: neutra em transição para leve extensão.
- Cintura Escapular: movimento inicia da posição neutra em transição para rotação para cima.
- Ombro: flexão de 90° em transição para flexão de aproximadamente de 170°.
- Cotovelo: extensão em transição para leve flexão.
- Punho e dedos: extensão em transição para posição de leve flexão.
- Quadril: flexão em transição para extensão.
- Joelho: flexão total em transição para leve extensão.
- Tornozelo: flexão plantar.

**REALIZAÇÃO DO MOVIMENTO:** o praticante sentado sobre os calcanhares realiza uma extensão de quadril empurrando a bola para frente e apoia o antebraço sobre a bola. Retorna trazendo a bola com a força concêntrica do abdome.

**MÚSCULOS ATIVADOS: TRONCO:** reto abdominal, oblíquo interno e externo. MMSS: romboides, grande dorsal, peitoral maior, deltoide, coracobraquial, trapézio fibras médias (membro elevado).

## NÍVEL E OBJETIVOS:

- Nível moderado na execução;
- Realizar movimento no plano sagital;
- Mobilizar a coluna lombar em flexo-extensão;
- Ativar e fortalecer os músculos do abdome e do tronco;
- Promover alongamento dos músculos extensores do ombro;
- Promover mobilização da cintura escapular em rotação para cima.

# HIPEREXTENSÃO DO TRONCO INFERIOR

Fig. 198

## POSIÇÕES E MOVIMENTOS ARTICULARES

- Coluna Cervical, Torácica e Lombar: neutra para uma leve Hiperextensão do tronco inferior.
- Ombro: flexão em transição para abdução horizontal.
- Cotovelo: extensão em transição para flexão.
- Punho e dedos: extensão.
- Quadril: leve flexão em transição para extensão alternada dos membros em adução.
- Joelho: movimento de extensão em transição para uma leve flexão.
- Tornozelo: posição neutra em transição para flexão plantar

**REALIZAÇÃO DO MOVIMENTO:** com a pelve sobre a bola o praticante realiza uma extensão do quadril alternado, retira do solo um pé e depois o outro e transfere o apoio para os MMSS. Depois faz uma abdução do ombro com flexão do cotovelo impulsionando os pés para cima.

**MÚSCULOS ATIVADOS: TRONCO:** Cervical: trapézio superior, esplênio da cabeça e do pescoço, semiespinhal da cabeça e do pescoço, eretores cabeça e do pescoço. Região torácica e lombar: eretores da coluna lombar, quadrado lombar, multífidos e paravertebrais.

MMSS: serrátil anterior, peitoral maior, deltoide (porção anterior), coracobraquial, romboides, trapézio fibras médias, tríceps e ancôneo. MMII: isquiotibiais, glúteo máximo (isotônico), adutor longo, curto e magno, sóleo gastrocnêmio, tibial posterior, flexor longo dos dedos e do hálux, fibular longo, curto e terceiro (isométrico).

## NÍVEL E OBJETIVOS:

- Nível avançado na execução;
- Realizar movimento no plano sagital;
- Mobilizar o quadril em flexo-extensão alternado;
- Realizar transferência de peso para os MMSS;
- Promover fortalecimento de diafragma devido à pressão da bola sobre a região abdominal;
- Promover fortalecimento isométrico da cintura escapular e do ombro;
- Promover fortalecimento dos extensores do quadril e extensores da região lombar;
- Promover alongamento ativo dos flexores do quadril (monoarticular) e alongamento passivo dos flexores do punho;
- Favorecer o retorno venoso e a circulação linfática.

# FLEXÃO LATERAL

Fig. 199

## POSIÇÕES E MOVIMENTOS ARTICULARES

- Coluna Cervical, Torácica e Lombar: posição neutra em transição para flexão lateral.
- Ombro: abdução.
- Cotovelo: flexão bilateral.
- Punho: posição de extensão em transição para posição neutra.
- Quadril: extensão bilateral.
- Joelho: extensão bilateral.
- Tornozelo: posição neutra.

**REALIZAÇÃO DO MOVIMENTO:** em decúbito lateral na bola o praticante realiza uma flexão lateral da coluna contraindo os músculos laterais.

**MÚSCULOS ATIVADOS:** Cervical: esternocleidomastoideo, escaleno médio, TRONCO: eretores da espinha, quadrado lombar, paravertebrais, interespinhais e oblíquos (concavidade da coluna). MMSS: grande dorsal, deltoide fibra laterais, coracobraquial

## NÍVEL E OBJETIVOS:

- Nível básico na execução;
- Realizar movimento no plano frontal;
- Mobilizar a coluna em flexão lateral;
- Ativar e fortalecer a musculatura lateral do tronco, anterior e posterior do lado da concavidade;
- Trabalhar equilíbrio (por retirar a mão do solo);
- Promover ativação dos músculos do tronco para estabilização da pelve.

# PAVÃO

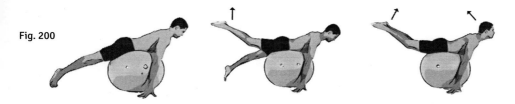

Fig. 200

## POSIÇÕES E MOVIMENTOS ARTICULARES

- Coluna Cervical, Torácica e Lombar: da posição neutra em transição para hiperextensão.
- Ombro: flexão bilateral.
- Cotovelo: extensão bilateral.
- Punho: extensão bilateral.
- Quadril: movimento de flexão em transição para leve extensão.
- Joelho: extensão em transição para leve flexão.
- Tornozelo: flexão plantar

**REALIZAÇÃO DO MOVIMENTO:** em decúbito ventral sobre a bola o praticante realiza uma extensão do quadril e da coluna apoiando o peso da bola na região abdominal. O apoio da mão no solo é quase no centro da bola.

**MÚSCULOS ATIVADOS: TRONCO:** trapézio fibras superiores, eretores da espinha, quadrado lombar, paravertebrais, oblíquos e interespinhais. MMSS: deltoide fibras posteriores, grande dorsal, manguito rotador, romboides, trapézio, tríceps e ancôneo. MMII: glúteos, isquiotibiais e tríceps sural.

## NÍVEL E OBJETIVOS:

- Nível avançado na execução;
- Realizar movimento no plano sagital;
- Mobilizar a coluna em extensão;
- Promover alongamento ativo dos músculos anteriores do pescoço;
- Ativar e fortalecer a musculatura posterior de toda a coluna e dos MMII;
- Trabalhar o equilíbrio por retirar os pés do solo e colocar as mãos apoiadas no centro da bola.

# EDUCATIVOS DE JOELHO

Os exercícios ilustrados a seguir são feitos na posição primária de joelho, em que a posição inicial sempre terá como base de apoio as mãos, a bola e o contato do corpo na bola (face anterior das pernas e às vezes as coxas). Alguns desses exercícios foram extraídos da literatura e denominados como convencionais, enquanto outros exercícios fazem parte da metodologia Samiball e foram criados a partir das fontes inspiradoras. Sempre bom observar e analisar esses exercícios para serem aplicados de forma correta, pois a depender do paciente, aluno ou praticante poderá haver contraindicação que deverá ser identificado por cada profissional da área. A maioria desses exercícios apresentam uma análise cinesiológica contendo informações como a realização do movimento, posições e movimentos articulares, músculos ativados e objetivos. Todos estes para ajudar no entendimento do leitor.

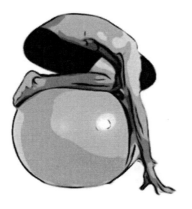

# PONTOS BÁSICOS

**Algumas observações da posição de joelho**

**Posições articulares ideais:**

Fig. 201  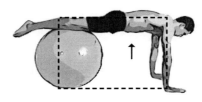 Fig. 202

- Centro de Gravaidade é encotrado mais no centro (linha vermelha).
- O peso do corpo está apoiado no centro da bola.
- Os MMSS apoiam para auxiliar no equilíbrio.
- Requer maior flexibilidade dos extensores da coluna, vastos, glúteo máximo, glúteo médio (porção posterior) e glúteo mínimo.
- Realizar a contração do transverso e reto do abdome para não sobrecarregar as estruturas da coluna lombar (alinhamento da coluna).
- Quanto mais próxima a bola dos pés mais pesada será a postura.
- A altura da bola deve ser do mesmo comprimento do braço.

Fig. 203

**OBS:** antes de fazer os exercícios a seguir, é aconselhado realizar o alongamento dos extensores do punho porque todas essas posturas são realizadas com movimento de extentão passiva de punho em 90°.

**OBS:** evitar essas posturas abaixo.

Fig. 204  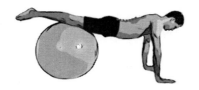 Fig. 205

- CG é colocado mais para frente (referente a linha pontilhada).
- O peso corporal é sustentado pelos MMSS.
- Sem contração do transverso e do reto do abdome há um aumento da curvatura lombar e uma sobrecarga nessas estruturas. Nunca ficar nessa posição sem a contração dos abdominais.

# PULA-PULA

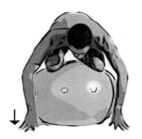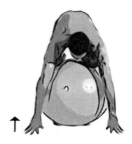

Fig. 206

## POSIÇÕES E MOVIMENTOS ARTICULARES

- Coluna Cervical, Torácica e Lombar: flexão.
- Cintura Escapular: adução em transição para abdução.
- Ombro: abdução horizontal em transição para flexão horizontal
- Cotovelo: flexão em transição para extensão.
- Punho e dedos: leve extensão de punho e extensão dos dedos.
- Quadril: flexão em transição para leve extensão.
- Joelho: flexão.

**REALIZAÇÃO DO MOVIMENTO:** o praticante realiza o movimento para baixo com o tronco e quadril empurrando a bola para baixo resultando em uma abdução do ombro acompanhada de uma flexão do cotovelo.

**MÚSCULOS ATIVADOS:** TRONCO: reto do abdome, oblíquos. MMSS: serrátil anterior, romboides, manguito rotador, trapézio (fibras médias), deltoide, peitoral maior e menor, braquial, bíceps braquial, coracobraquial, grande dorsal e redondo maior. MMII: iliopsoas e reto femoral.

## NÍVEL E OBJETIVOS:

- Nível moderado na execução;
- Realizar movimento de balanço no plano frontal;
- Mobilizar a cintura escapular, ombro e cotovelo;
- Promover alongamento dos músculos posteriores da região da coluna lombar;
- Ativar a musculatura da cintura escapular;
- Trabalhar equilíbrio e condicionamento.

# CIRCUNDUÇÃO

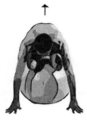

Fig. 207

## POSIÇÕES E MOVIMENTOS ARTICULARES

- Coluna Cervical, Torácica e Lombar: movimento de rotação, Extensão, flexão e volta para rotação.
- Cintura Escapular: abdução em transição para adução e rotação para cima.
- Ombro: adução horizontal ou flexão.
- Punho e dedos: extensão.
- Quadril: movimento de flexão, leve extensão, adução e abdução.
- Joelho: movimento de leve flexão em transição para leve extensão.

**REALIZAÇÃO DO MOVIMENTO:** de joelhos sobre a bola o praticante realiza uma rotação do tronco empurrando a bola para o lado. Depois realiza uma extensão do quadril empurrando a bola para trás, faz uma flexão com rotação do tronco empurrando a bola para o outro lado e por fim aumenta a flexão do quadril trazendo a bola para frente. O praticante desenha um círculo com a bola.

**MÚSCULOS ATIVADOS: TRONCO:** reto do abdome, oblíquos, transverso do abdome, eretores da coluna e paravertebrais. MMSS: romboides, trapézio (fibras médias e inferiores), peitoral maior e menor, manguito rotador, redondo maior, deltoide (fibras anteriores e laterais), tríceps, coracobraquial, bíceps braquial, braquial e extensores do punho (isometricamente). MMII: iliopsoas, reto femoral, glúteo médio, mínimo, máximo e tensor da fáscia lata.

## NÍVEL E OBJETIVOS:

- Nível moderado na execução;
- Realizar movimento de balanço no plano frontal e transversal;
- Mobilizar a coluna em rotação, flexão e extensão;
- Alongar, ativar e fortalecer os músculos rotadores da coluna;
- Mobilizar o quadril em flexão, extensão, abdução e adução;
- Promover fortalecimento dos músculos da cintura escapular;
- Promover equilíbrio e coordenação motora.

# CARACOL (A) LEVE EXTENSÃO E FLEXÃO DO QUADRIL

Fig. 208

## POSIÇÕES E MOVIMENTOS ARTICULARES

- Coluna Cervical: neutra. Torácica e Lombar: flexão em transição para uma leve extensão.
- Ombro: leve flexão em transição para uma leve extensão.
- Quadril: flexão total em transição para uma leve extensão.
- Joelho: flexão total em transição para uma leve extensão.
- Tornozelo: neutra em transição para flexão plantar.

**REALIZAÇÃO DO MOVIMENTO:** realizar uma leve extensão do quadril e do joelho empurrando a bola para trás e depois retorna para a posição inicial.

**MÚSCULOS ATIVADOS:** TRONCO: reto abdominal, oblíquos e paravertebrais. MMSS: trapézio, serrátil anterior, manguito rotador, coracobraquial e deltoide (porção anterior). MMII: iliopsoas, reto femoral, pectíneo, isquiotibiais, glúteo médio (porção anterior), glúteo máximo, sóleo, gastrocnêmio e plantar.

# NÍVEL E OBJETIVOS:

- Nível moderado na execução;
- Realizar movimento de balanço no plano sagital;
- Mobilizar as articulações do quadril e do joelho em flexão e extensão de aproximadamente 90°;
- Ativar os músculos do quadril e joelho responsáveis pela flexo-extensão;
- Fortalecer os músculos da cintura escapular;
- Fortalecer os músculos estabilizadores da coluna;
- Trabalhar equilíbrio;
- Realizar exercício em cadeia cinética fechada para os MMSS;
- Realizar alongamento passivo dos flexores do punho.

# CARACOL (B)
## COM FLEXÃO E EXTENSÃO TOTAL DO QUADRIL E JOELHO

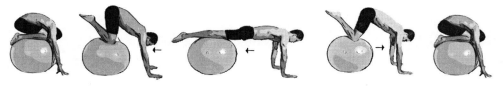

Fig. 209

## POSIÇÕES E MOVIMENTOS ARTICULARES

- Coluna Cervical, Torácica e Lombar: flexão em transição para extensão total.
- Ombro: flexão de 90°.
- Cotovelo: extensão.
- Punho e dedos: extensão.
- Quadril: flexão total em transição para a extensão total.
- Joelho: flexão total em transição para extensão total.
- Tornozelo: flexão plantar.

**REALIZAÇÃO DO MOVIMENTO:** o praticante realiza o movimento de extensão total do quadril e do joelho rolando a bola para trás e depois retorna à posição inicial.

**MÚSCULOS ATIVADOS: TRONCO:** reto abdominal, oblíquos e paravertebrais. MMSS: trapézio, serrátil anterior, manguito rotador, grande dorsal, coracobraquial, deltoide (porção anterior), tríceps e ancôneo. MMII: iliopsoas, reto femoral, pectíneo, isquiotibiais, glúteo médio (porção anterior) e glúteo máximo.

# NÍVEL E OBJETIVOS:

- Nível moderado na execução;
- Realizar movimento de balanço no plano sagital;
- Mobilizar as articulações do quadril e do joelho em flexão e extensão total;
- Ativar os músculos responsáveis pela extensão e flexão do quadril e do joelho;
- Fortalecer isometricamente a musculatura de cintura escapular;
- Fortalecer os flexores do abdome e quadril;
- Trabalhar equilíbrio gerando estabilidade do tronco;
- Realizar exercício em cadeia cinética fechada dos MMSS;
- Realizar alongamento passivo dos flexores do punho.

# PROTRAÇÃO E RETRAÇÃO ESCAPULAR

Fig. 210

Fig. 211

## POSIÇÕES E MOVIMENTOS ARTICULARES

- Coluna Cervical, Torácica e Lombar: neutra.
- Cintura Escapular: abdução em transição para adução.
- Ombro: flexão.
- Cotovelo: flexão (Fig. 211); extensão (Fig.210).
- Punho e dedos: extensão (fig. 210) posição neutra (Fig 211)
- Quadril: extensão bilateral.
- Joelho: extensão bilateral.
- Tornozelo: flexão plantar bilateral.

**REALIZAÇÃO DO MOVIMENTO:** com a face anterior da coxa sobre a bola e apoio do antebraço (maior base de apoio) ou com as mãos (menor base de apoio) no solo, o praticante realiza um movimento de protração e retração escapular.

**MÚSCULOS ATIVADOS: TRONCO:** abdominais (reto e transverso do abdome e oblíquos), quadrado lombar, paravertebrais e multífidos (isometria). MMSS: trapézio, romboides, peitoral maior, serrátil anterior, manguito rotador, deltoide (fibras anteriores), tríceps, ancôneo (isotônico), bíceps braquial e braquial. MMII: glúteo máximo, médio, quadríceps, gastrocnêmio, sóleo e adutores (isométrico).

## NÍVEL E OBJETIVOS:

- Nível básico na execução;
- Realizar movimento no plano sagital;
- Promover fortalecimento dos flexores do ombro (isometria);
- Fortalecer a musculatura da coluna (isometria);
- Fortalecer a musculatura da cintura escapular de forma isotônica;
- Promover alongamento passivo dos flexores do punho.

## ABDOMINAL COM O ANTEBRAÇO NO SOLO

Fig. 212

### POSIÇÕES E MOVIMENTOS ARTICULARES

- Coluna cervical, torácica e lombar: neutra em transição para uma leve flexão do tronco inferior.
- Cintura Escapular: abdução em transição para rotação para cima.
- Ombro: flexão de 90° em transição para flexão de aproximadamente 180°.
- Quadril: extensão em transição para flexão de 90°.
- Joelho: extensão.
- Tornozelo: flexão plantar.

**REALIZAÇÃO DO MOVIMENTO:** com a coxa sobre a bola e com o antebraço apoiado no solo, o praticante realiza o movimento de flexão de quadril com uma leve flexão da coluna puxando a bola no sentido da mão.

**MÚSCULOS ATIVADOS: TRONCO:** paravertebrais, reto do abdome, oblíquos, transverso do abdome, eretores da espinha e quadrado lombar. MMSS: romboides, grande dorsal, deltoide (fibras anteriores e médias), bíceps, bíceps braquial, coracobaquial, peitoral maior e serrátil anterior. MMII: iliopsoas, pectíneo, adutor curto, longo, magno, grácil, vastos, reto femoral (porção proximal), sóleo e gastrocnêmio.

## NÍVEL E OBJETIVOS:

- Nível avançado na execução;
- Realizar o movimento no plano sagital;
- Trabalhar equilíbrio;
- Mobilizar as articulações do quadril e do ombro em flexo-extensão;
- Mobilizar a cintura escapular em rotação para cima e para baixo acompanhado de abdução;
- Promover fortalecimento da cintura escapular, ombro e cotovelo;
- Promover ativação e fortalecimento dos músculos abdominais e posteriores da coluna.

# PRANCHA COM MOVIMENTAÇÃO DO MEMBRO INFERIOR

Fig. 213

## POSIÇÕES E MOVIMENTOS ARTICULARES

- Coluna Cervical, Torácica e Lombar: neutra.
- Cintura Escapular: abduzida e estabilizada.
- Ombro: flexão de 90°.
- Cotovelo: extensão.
- Punho e dedos: extensão.
- Quadril: sai da posição neutra em transição para extensão, abdução e flexão do que está em movimento.
- Joelho: extensão de um e extensão do outro em transição para flexão.
- Tornozelo: flexão plantar.

**REALIZAÇÃO DO MOVIMENTO:** o praticante realiza uma extensão, abdução e flexão do quadril direito e depois retorna o membro apoiando sobre a bola. Realiza também com o outro membro inferior.

**MÚSCULOS ATIVADOS: TRONCO:** abdominais anteriores laterais e posteriores (isométrico). MMSS: serrátil anterior, manguito rotador, trapézio, tríceps, grande dorsal, deltoide anterior, peitoral maior, coracobraquial, tríceps, ancôneo e braquial (isometricamente). MMII: glúteo máximo, isquiotibiais (porção proximal), glúteo médio e mínimo, iliopsoas, reto femoral, poplíteo, abdutores (Glúteo médio e mínimo, tensor fáscia lata) da perna em movimento (isotonicamente).

## NÍVEL E OBJETIVOS:

- Nível moderado na execução;
- Realizar movimento no plano frontal e sagital;
- Fortalecer a musculatura da cintura escapular e tronco (isometria);
- Desenvolver equilíbrio por retirar um dos membros inferiores;
- Mobilizar a articulação do quadril em extensão, abdução e flexão;
- Ativar e fortalecer os músculos do quadril em movimento;
- Mobilizar a articulação do joelho em flexão e extensão;
- Promover alongamento dos músculos extensores do punho;
- Trabalhar equilíbrio;
- Trabalhar propriocepção dos ombros e da perna que fica na bola.

# EQUILÍBRIO UNIPODAL COM ROTAÇÃO DO TRONCO

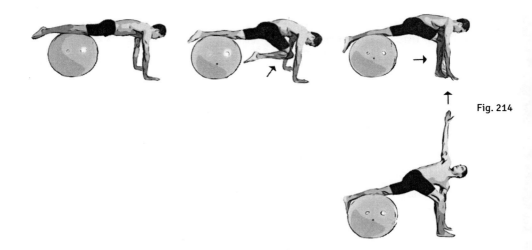

Fig. 214

## POSIÇÕES E MOVIMENTOS ARTICULARES

- Coluna Cervical, Torácica e Lombar: extensão neutra em transição para rotação direita.
- Cintura Escapular: abdução em transição para adução.
- Ombro: flexão de 90° em transição para abdução horizontal.
- Cotovelo: extensão.
- Punho e dedos: extensão em transição para posição neutra do punho direito.
- Quadril: extensão em transição para flexão do direito.
- Joelho: extensão em transição para flexão do direito.
- Tornozelo: flexão plantar em transição para posição neutra do direito.

**REALIZAÇÃO DO MOVIMENTO:** o praticante em decúbito ventral com as mãos apoiadas no solo e as pernas sobre a bola realiza uma flexão do quadril e joelho direito desencostando da bola. Posiciona o pé direito entres as duas mãos após apoiar o pé e retirar a mão direita do solo levando-a para cima com rotação para a direita de toda coluna. Permanece nessa posição por alguns segundos e depois faz para o outro lado.

**MÚSCULOS ATIVADOS: CERVICAL:** esternocleidomastoideo, escalenos, TRONCO: oblíquos, rotadores, multífidos, reto do abdome, transverso do abdome e eretores da coluna. MMSS: romboides, serrátil anterior, trapézio (fibras médias e inferiores), peitoral maior (do membro apoiado no solo), redondo maior e menor, deltoide (fibras anteriores e laterais e posteriores) do braço elevado, coracobraquial, tríceps, ancôneo, supraespinhal, bíceps braquial, braquial e extensores do punho (isometricamente). MMII: iliopsoas, adutor longo, curto e magno, grácil, isquiotibiais, vastos, glúteo máximo, mínimo e médio (fibras anteriores) do membro inferior direito e reto femoral (membro inferior esquerdo).

## NÍVEL E OBJETIVOS:

- Nível avançado na execução;

- Realizar movimento no plano oblíquo;

- Trabalhar equilíbrio;

- Mobilizar a coluna em rotação alongando e ativando os músculos rotadores;

- Mobilizar o quadril em flexão, extensão do direito e alongamento dos flexores do quadril esquerdo;

- Promover fortalecimento dos músculos da cintura escapular;

- Promover ativação e fortalecimento dos músculos da coxa direita.

# ROTAÇÃO PARCIAL E COMPLETA DO TRONCO INFERIOR

Fig. 215

Fig. 216

## POSIÇÕES E MOVIMENTOS ARTICULARES

- Coluna Cervical: neutra; Torácica e Lombar: rotação de um lado para outro.
- Ombro: flexão bilateral.
- Cotovelo: extensão bilateral.
- Punho e dedos: extensão bilateral.
- Quadril: flexão bilateral.
- Joelho: flexão bilateral.
- Tornozelo: flexão plantar bilateral.

**REALIZAÇÃO DO MOVIMENTO:** o praticante realiza uma leve rotação da coluna para um lado e para o outro rolando a bola.

**MÚSCULOS ATIVADOS: TRONCO:** reto do abdome, oblíquos, transverso do abdome, eretores da coluna e paravertebrais. MMSS: romboides, trapézio (fibras médias e inferiores), peitoral maior e menor, redondo maior e menor, deltoide (fibras anteriores e laterais), tríceps, coracobraquial, bíceps braquial, braquial e extensores do punho (isometricamente). MMII: iliopsoas, reto femoral, glúteo médio, mínimo, máximo e tensor da fáscia lata.

## NÍVEL E OBJETIVOS:

- Nível moderado na execução;
- Realizar movimento de balanço no plano frontal e transversal;
- Mobilizar a tronco inferior em rotação alongando e ativando os músculos responsáveis pela rotação;
- Trabalhar propriocepção da articulação dos MMSS;
- Promover fortalecimento dos músculos da cintura escapular;
- Promover ativação e fortalecimento dos músculos da coluna.

# ROTAÇÃO DO TRONCO COM ABDUÇÃO DO MEMBRO INFERIOR

Fig. 217

## POSIÇÕES E MOVIMENTOS ARTICULARES

- Coluna Cervical: neutra ou extensão; Torácica e Lombar: rotação de um lado para outro.
- Ombro: flexão de 90 bilateral.
- Cotovelo: extensão bilateral.
- Punho e dedos: extensão bilateral.
- Quadril: flexão com movimento de abdução da perna que está por cima.
- Joelho: flexão em transição para extensão da perna que está por cima.
- Tornozelo: flexão plantar.

**REALIZAÇÃO DO MOVIMENTO:** o praticante realiza uma rotação da coluna para um lado, abduz o membro inferior que está por cima e rola a bola para o outro lado fazendo abdução da outra perna.

**MÚSCULOS ATIVADOS: TRONCO:** reto do abdome, oblíquos, transverso do abdome, eretores da coluna e paravertebrais. MMSS: romboides, trapézio (fibras médias e inferiores), peitoral maior e menor, redondo maior e menor, deltoide (fibras anteriores e laterais), tríceps, coracobraquial, bíceps braquial, braquial e extensores do punho (isometricamente). MMII: iliopsoas, reto femoral, glúteo médio, mínimo, máximo, tensor da fáscia lata, sóleo e gastrocnêmio (do membro que está por cima).

## NÍVEL E OBJETIVOS:

- Nível moderado na execução;
- Realizar movimento de balanço no plano frontal e transversal;
- Mobilizar a coluna inferior em rotação alongando os músculos rotadores contralateral ao movimento;
- Mobilizar o quadril em abdução e adução;
- Promover fortalecimento dos abdutores do membro que está por cima;
- Promover fortalecimento isométrico dos músculos da cintura escapular;
- Promover equilíbrio.

# ÊKAPADA KÁKASÁNA-ARABESQUE

Fig. 218

## POSIÇÕES E MOVIMENTOS ARTICULARES

- Coluna Cervical, Torácica e Lombar: leve flexão em transição para leve extensão.
- Ombro: flexão bilateral.
- Cotovelo: extensão bilateral.
- Punho e dedos: extensão bilateral.
- Quadril: movimento de flexão em transição para extensão do membro elevado.
- Joelho: movimento de flexão em transição para extensão do membro elevado.
- Tornozelo: movimento de flexão plantar em transição para flexão dorsal do pé apoiado na bola.

**REALIZAÇÃO DO MOVIMENTO:** o praticante com os joelhos sobre a bola realiza uma extensão do quadril e do joelho de um dos membros elevando o pé.

**MÚSCULOS ATIVADOS: TRONCO:** paravertebrais, eretores da coluna, quadrado lombar, transverso do abdome, reto do abdome e oblíquos. MMSS: serrátil anterior, manguito rotador, trapézio, peitoral maior, deltoide, coracobraquial, bíceps (porção longa), tríceps e ancôneo. MMII: glúteo máximo, glúteo médio (porção posterior) e isquiotibiais (da perna elevada).

## NÍVEL E OBJETIVOS:

- Nível avançado na execução;
- Realizar movimento no plano frontal;

Mobilizar o quadril e o joelho em flexo-extensão;

- Promover fortalecimento dos extensores do quadril da perna que está elevada;
- Promover fortalecimento dos músculos da cintura escapular (isometria) e do tronco;
- Trabalhar equilíbrio.

# ROTAÇÃO DO TRONCO COM FLEXÃO DO COTOVELO E MEMBRO INFERIOR ESTENDIDO

Fig. 219

## POSIÇÕES E MOVIMENTOS ARTICULARES

- Coluna Cervical: neutra com leve flexão;
- Torácica e Lombar: flexão em transição para rotação.
- Ombro: flexão em transição para a abdução horizontal.
- Cotovelo: extensão em transição para flexão.
- Punho e dedos: extensão.
- Quadril: flexão em transição para extensão alternada do membro que está por cima.
- Joelho: flexão em transição para extensão de um dos joelhos.
- Tornozelo: posição neutra em transição para flexão plantar.

**REALIZAÇÃO DO MOVIMENTO:** o praticante com as pernas sobre a bola e as mãos no solo realiza uma rotação da coluna para um lado, estende o membro inferior que está por cima e depois faz uma flexão do cotovelo aproximando o tórax do solo. Repetir o movimento para o outro lado.

**MÚSCULOS ATIVADOS: TRONCO:** reto do abdome, oblíquos, transverso do abdome, eretores da coluna e paravertebrais, MMSS: serrátil anterior, manguito rotador, romboides, trapézio (fibras médias e inferiores), peitoral maior e menor, redondo maior, deltoide (fibras anteriores e laterais), tríceps, coracobraquial, bíceps braquial, braquial e extensores do punho (isométrico). MMII: glúteos, quadríceps e tríceps sural.

## NÍVEL E OBJETIVOS:

- Nível avançado na execução;

- Realizar movimento no plano frontal e transversal;

- Mobilizar a coluna em rotação;

- Trabalhar equilíbrio e estimular a propriocepção;

- Mobilizar o quadril em flexo-extensão;

- Promover fortalecimento dos abdutores e extensores do membro inferior que está por cima;

- Promover fortalecimento dos músculos da cintura escapular, flexores e adutores do ombro;

- Promover fortalecimento dos flexores e extensores do cotovelo;

- Promover alongamento passivo feito pela bola dos abdutores do quadril fletido na bola.

# PRANCHA COM ROTAÇÃO DE TRONCO INFERIOR E OS MMII ESTENDIDOS

Fig. 220

## POSIÇÕES E MOVIMENTOS ARTICULARES

- Coluna Cervical, Torácica e Lombar: extensão em transição para rotação.
- Ombro: flexão de 90° e adução horizontal
- Cotovelo: extensão bilateral.
- Punho e dedos: extensão bilateral.
- Quadril: extensão bilateral.
- Joelho: extensão bilateral.
- Tornozelo: flexão plantar bilateral.

**REALIZAÇÃO DO MOVIMENTO:** o praticante realiza uma rotação da coluna para um lado e para o outro rolando a bola para um lado e para o outro com os membros inferiores estendidos.

**MÚSCULOS ATIVADOS: TRONCO:** oblíquos, reto do abdome, transverso do abdome, eretores da coluna, paravertebrais. MMSS: manguito rotador, serrátil anterior, romboides, trapézio (fibras médias e inferiores), peitoral maior e menor, redondo maior, deltoide (fibras anteriores e laterais), tríceps, coracobraquial, bíceps braquial, braquial e extensores do punho (isometricamente).

## NÍVEL E OBJETIVOS:

- Nível moderado na execução;
- Realizar movimento no plano transversal;
- Mobilizar a coluna em rotação;
- Promover ativação e fortalecimento dos músculos rotadores;
- Promover fortalecimento isométrico dos músculos da cintura escapular e dos extensores do cotovelo;
- Trabalhar equilíbrio;
- Promover alongamento passivo dos flexores do punho.

# (RÁJA KAKÁSANA) FLEXÃO E EXTENSÃO DO OMBRO

Fig. 221

## POSIÇÕES E MOVIMENTOS ARTICULARES

- Coluna Cervical, Torácica e Lombar: flexão.
- Ombro: leve flexão em transição para leve extensão.
- Cotovelo: extensão
- Punho e dedos: movimento de leve flexão em transição para leve extensão.
- Quadril: movimento de flexão em transição para leve extensão.
- Joelho: movimento de flexão em transição para leve extensão.
- Tornozelo: flexão dorsal.

**REALIZAÇÃO DO MOVIMENTO:** o praticante realiza uma leve extensão e flexão do ombro empurrando a bola para frente e para trás.

**MÚSCULOS ATIVADOS: TRONCO:** reto abdominal, oblíquos, transverso do abdome e eretores da espinha (excêntrico). MMSS: manguito rotador, serrátil anterior, romboides, trapézio (fibras médias e inferiores), peitoral maior e menor, redondo maior, deltóide (fibras anteriores e laterais), tríceps, coracobraquial, bíceps braquial, braquial e extensores do punho (isometricamente). MMII: iliopsoas, isquiotibiais, quadríceps (excêntrico) e tibial anterior.

## NÍVEL E OBJETIVOS:

- Nível avançado na execução;
- Realizar movimento de balanço no plano sagital;
- Promover fortalecimento dos músculos na cintura escapular, ombros e cotovelos;
- Promover mobilização do ombro em flexo-extensão;
- Promover mobilização do punho em flexo-extensão e alongamento passivo dos flexores do punho;
- Promover fortalecimento dos abdominais;

# PRANCHA COM FLEXÃO LATERAL DO TRONCO INFERIOR (COLUNA LOMBAR)

Fig. 222

## POSIÇÕES E MOVIMENTOS ARTICULARES

- Coluna Cervical: neutra; Torácica e Lombar: flexão lateral alternada com uma leve rotação do tronco inferior.
- Ombro: flexão bilateral.
- Cotovelo: extensão bilateral.
- Punho e dedos: extensão bilateral.
- Quadril: adução e abdução alternada dos membros.
- Joelho: extensão bilateral.
- Tornozelo: flexão plantar.

**REALIZAÇÃO DO MOVIMENTO:** o praticante realiza uma leve flexão lateral da coluna lombar empurrando a bola de um lado para o outro e faz uma adução e abdução alternada de forma passiva da perna devido ao movimento de inclinação lateral da coluna.

**MÚSCULOS ATIVADOS: TRONCO:** oblíquo interno e externo, quadrado lombar, eretores da espinha, paravertebrais e reto abdominal unilateral. MMSS: manguito rotador, serrátil anterior, romboides, trapézio (médio e superior), peitoral maior e menor, deltoide (porção anterior), coracobraquial, tríceps, ancôneo e extensores do punho. MMII: glúteo médio e mínimo, tensor da fáscia lata e adutor magno, longo e curto.

## NÍVEL E OBJETIVOS:

- Nível moderado na execução;
- Realizar movimento de balanço no plano frontal;
- Fortalecer a cintura escapular (isométrico) e os ombros;
- Mobilizar a coluna inferior em flexão lateral;
- Fortalecer os músculos responsáveis pela flexão lateral (de forma isotônica);
- Alongar passivamente os extensores do punho.

# PRANCHA COM FLEXÃO E EXTENSÃO DO COTOVELO

Fig. 223

## POSIÇÕES E MOVIMENTOS ARTICULARES

- Coluna Cervical, Torácica e Lombar: extensão.
- Cintura Escapular: abdução em transição para adução.
- Ombro: flexão em transição para abdução horizontal.
- Cotovelo: extensão em transição para flexão.
- Punho e dedos: extensão bilateral.
- Quadril: extensão bilateral
- Joelho: extensão bilateral.
- Tornozelo: flexão plantar.

**REALIZAÇÃO DO MOVIMENTO:** o praticante faz a flexão do cotovelo acompanhado de uma abdução do ombro levando o peito próximo ao solo.

**MÚSCULOS ATIVADOS: TRONCO:** trapézio (fibras superiores), oblíquos, reto do abdome, transverso do abdome, paravertebrais e eretores da espinha. MMSS: manguito rotador, serrátil anterior, romboides, trapézio, peitoral maior e menor, coracobraquial, tríceps, ancôneo, redondo maior e grande dorsal. MMII: isquiotibiais, adutor magno, glúteo máximo (concêntrico), iliopsoas, reto femoral (excêntrico para a extensão neutra dos quadris), vastos (para a extensão neutra do joelho), sóleo, tibial posterior, fibular terceiro, curto e longo, flexor longo dos dedos e do hálux e gastrocnêmio (para a flexão plantar).

## NÍVEL E OBJETIVOS:

- Nível moderado na execução;
- Realizar movimento no plano frontal e sagital;
- Realizar movimento em cadeia cinética fechada dos MMSS;
- Fortalecer os músculos da coluna, principalmente da coluna cervical (de forma isométrico);
- Fortalecer a musculatura da cintura escapular responsável pela adução e abdução escapular (de forma isotônica);
- Fortalecer a musculatura do ombro responsável para adução e abdução horizontal (isotônico);
- Fortalecer a musculatura responsável pela flexão e extensão do cotovelo (isotônico);
- Alongar passivamente os flexores do punho.

**OBS.:** cuidado para não passar o ombro da linha do cotovelo e aumentar a rotação externa do ombro sobrecarregando os ligamentos.

# PRANCHA COM FLEXÃO E EXTENSÃO DE OMBRO

Fig. 224

## POSIÇÕES E MOVIMENTOS ARTICULARES

- Coluna Cervical: extensão; Torácica e Lombar: extensão neutra em transição para uma leve hiperextensão.
- Cintura Escapular: abdução em transição para rotação para cima.
- Ombro: flexão de 90° em transição para flexão de 180°.
- Cotovelo: extensão.
- Punho e dedos: extensão.
- Quadril: extensão.
- Joelho: extensão.
- Tornozelo: flexão plantar.

**REALIZAÇÃO DO MOVIMENTO:** o praticante realiza flexão do ombro e o tronco se move para trás rolando a bola no mesmo sentido fazendo uma hiperextensão da coluna.

**MÚSCULOS ATIVADOS:** TRONCO: trapézio (fibras superiores), oblíquos, reto do abdome, transverso do abdome, paravertebrais e eretores da espinha. MMSS: serrátil anterior, romboides, deltoide, trapézio (média e inferior), peitoral maior, coracobraquial, tríceps, ancôneo, redondo maior e grande dorsal. MMII: isquiotibiais, adutor magno, glúteo máximo (concêntrico), iliopsoas, reto femoral (excêntrico para a extensão), vastos, sóleo, tibial posterior, fibular terceiro, curto e longo, flexor longo dos dedos e do hálux e gastrocnêmio (para a flexão plantar).

## NÍVEL E OBJETIVOS:

- Nível moderado na execução;
- Realizar movimento de balanço no plano sagital;
- Realizar movimento em cadeia cinética fechada dos MMSS;
- Fortalecer os músculos da coluna, principalmente da coluna cervical (isométrico);
- Fortalecer a musculatura da cintura escapular responsável pela rotação para cima (isotônico);
- Ativar e fortalecer a musculatura do ombro responsável pela flexão e extensão horizontal (isotônico);
- Alongar passivamente os flexores do punho.

# (VRISHKÁSANA) FLEXÃO E EXTENSÃO DO QUADRIL

Fig. 225

## POSIÇÕES E MOVIMENTOS ARTICULARES

- Coluna Torácica e Lombar: extensão em transição para hiperextensão.
- Cintura Escapular: posição neutra.
- Ombro: flexão de aproximadamente 180°.
- Quadril: flexão em transição para extensão.
- Joelho: extensão.
- Tornozelo: flexão dorsal em transição para a flexão plantar.

**REALIZAÇÃO DO MOVIMENTO:** o praticante realiza uma extensão do tronco inferior e do quadril elevando os pés.

**MÚSCULOS ATIVADOS: TRONCO:** eretores da espinha (região lombar), quadrado lombar, paravertebrais e oblíquos. MMSS: serrátil anterior, romboides, peitoral maior, deltoide (fibras anteriores), tríceps, ancôneo, coracobraquial, bíceps braquial e braquiorradial. MMII: glúteo máximo, glúteo médio (porção posterior), bíceps femoral, semitendinoso, semimembranoso e adutor magno.

## NÍVEL E OBJETIVOS:

- Nível moderado na execução;
- Realizar movimento no plano sagital;
- Mobilizar a coluna lombar em flexão e extensão;
- Mobilizar o quadril em flexo-extensão;
- Fortalecer os músculos posteriores da coluna.
- Promover estabilidade e fortalecer os músculos da cintura escapular (isometricamente);
- Promover equilíbrio;
- Promover fortalecimento do diafragma gerado pela pressão da bola na região abdominal;

# PRANCHA COM ELEVAÇÃO DO QUADRIL

Fig. 226

## POSIÇÕES E MOVIMENTOS ARTICULARES

- Coluna Cervical, Torácica e Lombar: movimento de extensão em transição para leve flexão do tronco inferior.
- Cintura Escapular: posição neutra em transição para rotação para cima.
- Ombro: flexão de 90° em transição para flexão de 180°.
- Cotovelo: extensão bilateral.
- Punho e dedos: extensão bilateral.
- Quadril: movimento de extensão em transição para flexão bilateral.
- Joelho: extensão bilateral.
- Tornozelo: flexão plantar.

**REALIZAÇÃO DO MOVIMENTO:** o praticante realiza flexão do quadril e do tronco inferior puxando a bola em direção aos braços.

**MÚSCULOS ATIVADOS:** TRONCO: quadrado lombar, eretores da espinha, interespinhal, semiespinhal, reto do abdome e oblíquos (estabilizadores). MMSS: serrátil anterior, romboides, trapézio (porção média e inferior), deltoide (porção anterior), coracobraquial, bíceps (porção longa), tríceps, ancôneo e flexores do punho. MMII: iliopsoas, pectíneo, adutor magno, longo e curto (para manter o quadril em adução).

## NÍVEL E OBJETIVOS:

- Nível moderado a avançado na execução;
- Realizar movimento no plano sagital do ombro, quadril e tronco inferior;
- Movimentar em cadeia cinética fechada os MMSS;
- Fortalecer a musculatura responsável pela flexão e extensão do quadril e do ombro (isotônico);
- Fortalecer os flexores da coluna;
- Alongar passivamente os flexores do punho;
- Trabalhar equilíbrio e força;

# PRANCHA COM ELEVAÇÃO DE QUADRIL E OMBRO FLETIDO A 180º

Fig. 227

## POSIÇÕES E MOVIMENTOS ARTICULARES

- Coluna Cervical, Torácica e Lombar: extensão em transição para leve flexão do tronco inferior.
- Cintura Escapular: rotação para cima.
- Ombro: flexão de 180°.
- Cotovelo: extensão bilateral.
- Punho e dedos: extensão bilateral.
- Quadril: extensão em transição para a flexão de 90° bilateral.
- Joelho: extensão bilateral.
- Tornozelo: flexão plantar.

**REALIZAÇÃO DO MOVIMENTO:** o praticante realiza flexão do ombro e o tronco se move para trás rolando a bola no mesmo sentido. Em seguida faz uma flexão do ombro e do quadril puxando a bola para frente com o membro inferior estendido encostando o dorso do pé na bola. Depois retorna para a posição inicial.

**MÚSCULOS ATIVADOS: TRONCO:** quadrado lombar, eretores da espinha, interespinhal, semiespinhal, espinha do tórax, reto do abdome, oblíquos (estabilizadores). MMSS: trapézio, serrátil anterior, romboides, deltoide, coracobraquial, tríceps, ancôneo, bíceps braquial e flexores do punho (excentricamente). MMII: glúteo máximo, glúteo médio (porção posterior e anterior) e isquiotibiais.

## NÍVEL E OBJETIVOS:

- Nível moderado a avançado na execução;
- Realizar movimento no plano sagital;
- Fortalecer os músculos abdominais, da cintura escapular e os flexores e extensores do quadril (isotônico);
- Promover alongamento ativo dos flexores do punho;
- Promover a estimulação proprioceptiva dos ombros e cotovelos.

# ESCORPIÃO (ABDUÇÃO HORIZONTAL PARA FLEXÃO DO OMBRO)

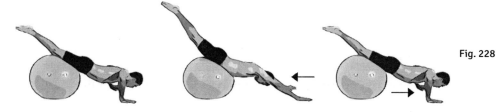

Fig. 228

## POSIÇÕES E MOVIMENTOS ARTICULARES

- Coluna Cervical, Torácica e Lombar: extensão em transição para leve hiperextensão torácica e lombar.
- Cintura Escapular: adução em transição para rotação para cima.
- Ombro: abdução horizontal em transição para flexão.
- Cotovelo: flexão em transição para extensão.
- Punho e dedos: extensão em transição para posição neutra.
- Quadril: extensão bilateral.
- Joelho: extensão bilateral.
- Tornozelo: flexão plantar bilateral.

**REALIZAÇÃO DO MOVIMENTO:** o praticante com os ombros em abdução horizontal e cotovelos fletidos realiza uma extensão do cotovelo com flexão de ombro empurrando a bola para trás projetando o tórax (para trás e para frente) sempre próximo ao solo.

**MÚSCULOS ATIVADOS: TRONCO:** intertransversais, transverso do abdome, reto do abdome, oblíquos, eretores da espinha (para estabilizar a coluna) e trapézio superior. MMSS: serrátil anterior, trapézio (médio e inferior), peitoral maior, deltoide (fibras médias e anteriores). MMII: glúteo máximo, glúteo médio (porção posterior), isquiotibiais e adutores (para manter o quadril em extensão e aduzido).

## NÍVEL E OBJETIVOS:

- Nível moderado na execução;
- Realizar movimento no plano oblíquo;
- Promover fortalecimento dos músculos da cintura escapular e flexores do ombro;
- Promover alongamento ativo dos extensores do ombro;
- Promover ativação dos músculos laterais da coluna lombar para manter a estabilidade da bola;
- Promover estimulação proprioceptiva dos ombros e cotovelos;
- Promover alongamento passivo dos flexores do punho;

**OBS:** Tomar cuidado para o ombro na passar da linha do cotovelo aumentando assim a rotação externa.

# DESENVOLVIMENTO (FLEXÃO E EXTENSÃO DE COTOVELO COM O QUADRIL ELEVADO)

Fig. 229

## POSIÇÕES E MOVIMENTOS ARTICULARES

- Coluna Cervical, Torácica e Lombar: leve flexão.
- Cintura Escapular: rotação para cima em transição para rotação para baixo.
- Ombro: flexão em transição para abdução horizontal.
- Cotovelo: extensão em transição para flexão bilateral.
- Punho e dedos: extensão bilateral.
- Quadril: flexão bilateral.
- Joelho: extensão bilateral.
- Tornozelo: flexão plantar bilateral.

**REALIZAÇÃO DO MOVIMENTO:** o praticante com o dorso dos pés apoiado na bola e com o glúteo elevado realiza flexão e extensão do cotovelo aproximando e distanciando a testa do solo.

**MÚSCULOS ATIVADOS: TRONCO:** reto do abdome, oblíquos e eretores da espinha (como estabilizadores). MMSS: serrátil anterior, trapézio, peitoral menor, elevador da escápula, deltoide, supraespinhoso e coracobraquial. **MMII: iliopsoas**, reto femoral, vastos, sóleo, fibular curto e longo.

# NÍVEL E OBJETIVOS:

- Nível avançado na execução;
- Realizar movimento no plano oblíquo;
- Promover mobilização das articulações da cintura escapular, ombro e cotovelo;
- Promover fortalecimento dos músculos da cintura escapular (responsáveis pela rotação para cima e rotação para baixo) e dos ombros;
- Promover fortalecimento isométrico dos flexores da coluna e do quadril;
- Promover alongamento passivo dos flexores do punho;
- Promover estimulação proprioceptiva das articulações do ombro e do cotovelo.

# JOELHO NA BOLA

Fig. 230

**REALIZAÇÃO DO MOVIMENTO:** retirar os calcanhares do solo deixando só as pontas das falanges. Em seguida transferir o peso do corpo para frente, retirar um pé e logo após retirar o outro colocando os joelhos na bola com as mãos (quatro apoios). Quando equilibrar nessa posição retira uma das mãos (três apoios) e depois a outra mão mantendo os joelhos na bola e o quadril fletido para dominar o equilíbrio. Dominando essa posição a pessoa faz uma extensão do quadril ficando em postura mais ereta.

## NÍVEL E OBJETIVOS:

- Nivel moderado a avançado na execução;
- Promover equilíbrio;
- Trabalhar as reações posturais (equilíbrio, retificação e endireitamento).
- Promover ativação das musculaturas abdominais por manter a bola estabilizada;
- Desenvolver concentração;
- Desenvolver autoconfiança na bola;

   **OBS:** evitar em pessoas que apresentam algum tipo de tontura;

## APOIO UNIPODAL COM JOELHO

Fig. 231

### POSIÇÕES E MOVIMENTOS ARTICULARES

- Coluna Cervical, Torácica e Lombar: extensão
- Ombro: extensão em transição para abdução.
- Cotovelo: leve flexão em transição para leve supinação acompanhado de uma leve flexão.
- Punho e dedos: extensão leve em transição para extensão neutra.
- Quadril: flexão bilateral (o direito com maior amplitude e o esquerdo menor).
- Joelho: flexão bilateral.
- Tornozelo: flexão plantar do esquerdo e dorsoflexão do direito.

**REALIZAÇÃO DO MOVIMENTO:** com o pé direito, a face anterior da perna esquerda sobre a bola e o apoio das mãos na bola o praticante retira as mãos da bola realizando uma leve extensão da coluna tentando ficar o mais alinhado possível.

**MÚSCULOS ATIVADOS: TRONCO:** reto do abdome, oblíquos, paravertebrais, eretores da espinha e quadrado lombar. MMSS: manquito rotador, deltoide (fibras laterais e posteriores), romboides, trapézio (fibras médias). MMII: iliopsoas, isquiotibiais, adutores e tibial anterior (pé apoiado na bola).

# NÍVEL E OBJETIVOS:

- Nível moderado a avançado na execução;
- Promover equilíbrio;
- Trabalhar as reações posturais (equilíbrio, retificação e endireitamento;
- Promover ativação das musculaturas abdominais por manter a bola estabilizada;
- Desenvolver concentração;
- Desenvolver autoconfiança na bola;

**OBS:** evitar em pessoas que apresentam algum tipo de tontura.

## AGACHAMENTO SOBRE A BOLA

Fig. 232

### POSIÇÕES E MOVIMENTOS ARTICULARES

- Coluna Cervical, Torácica e Lombar: leve flexão.
- Ombro: adução em transição para abdução.
- Cotovelo: extensão em transição para flexão.
- Punho e dedos: extensão em transição para posição neutra.
- Quadril: flexão total bilateral.
- Joelho: flexão bilateral total.
- Tornozelo: flexão plantar acompanhado de inversão.

**REALIZAÇÃO DO MOVIMENTO:** com os pés e as mãos apoiados na bola o praticante retira uma mão e logo após retira a outra mão ficando apenas com os pés na bola na posição agachada.

**MÚSCULOS ATIVADOS: TRONCO:** reto do abdome, oblíquos, paravertebrais, eretores da espinha e quadrado lombar. MMSS: manquito rotador, deltoide (fibras laterais e posteriores), romboides, trapézio (fibras médias) e extensores do punho. MMII: iliopsoas, isquiotibiais, adutores, inversores e tibial anterior.

## NÍVEL E OBJETIVOS:

- Nível avançado na execução;
- Promover equilíbrio;
- Trabalhar as reações posturais (equilíbrio, retificação e endireitamento).
- Promover ativação dos músculos da cintura escapular;
- Promover ativação das musculaturas abdominais e dos MMII por manter a bola estabilizada;
- Desenvolver concentração;
- Desenvolver autoconfiança na bola;

**OBS:** evitar esse exercício em pessoas que apresentam tontura.

# POSIÇÃO ORTOSTÁTICA SOBRE A BOLA

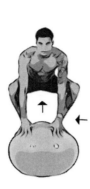

Fig. 233

## POSIÇÕES E MOVIMENTOS ARTICULARES

- Coluna Cervical, Torácica e Lombar: flexão em transição para extensão.
- Cintura Escapular: abdução em transição para posição neutra.
- Ombro: flexão em transição para extensão.
- Cotovelo: extensão bilateral.
- Punho e dedos: extensão para a transição neutra.
- Quadril: flexão em transição para extensão.
- Joelho: flexão em transição para extensão.
- Tornozelo: leve flexão plantar acompanhado de eversão.

**REALIZAÇÃO DO MOVIMENTO:** agachado com os quatro apoios na bola, o praticante, após encontrar o equilíbrio, realiza uma extensão da coluna, quadril e joelho elevando o corpo e ficando de pé sobre a bola.

**MÚSCULOS ATIVADOS: TRONCO:** eretores da espinha, interespinhais e semiespinhal do pescoço e do tórax (para manter a coluna em extensão neutra). MMII: glúteo máximo e médio (porção posterior e médio), adutores longo, curto e magno, reto femoral, vastos, sóleo e gastrocnêmio.

## NÍVEL E OBJETIVOS:

- Nível avançado na execução;
- Trabalhar as reações posturais (equilíbrio, retificação e endireitamento);
- Promover ativação das musculaturas abdominais por manter a bola estabilizada;
- Desenvolver concentração;
- Promover fortalecimento dos adutores, extensores do quadril e extensores e flexores do joelho;
- Desenvolver autoconfiança na bola.

# PÊNDULO

Fig. 234

**REALIZAÇÃO DO MOVIMENTO:** em postura de pêndulo com o corpo o praticante irá rolar os joelhos, quadris, abdome e tórax até a região do peito colocando as mãos no solo parando o movimento. Apoia o corpo sobre a bola.

**MÚSCULOS ATIVADOS:** é um movimento complexo. Para facilitar só será analisado a última postura: músculos posteriores do corpo (panturrilha, isquiotibiais, glúteo máximo, eretores da coluna, trapézio superiores.

## NÍVEL E OBJETIVOS:

- Nível avançado na execução;
- Trabalhar as reações posturais (equilíbrio, retificação e endireitamento);

- Promover ativação e fortalecimento dos músculos extensores da coluna e quadril;

- Desenvolver concentração;

- Promover ativação e fortalecimento dos músculos da cintura escapular;

- Desenvolver autoconfiança na bola.

# EDUCATIVOS NA PAREDE

Os movimentos ilustrados a seguir foram criados para serem realizados na parede. É um trabalho dirente e desafiador. A posição inicial sempre terá como base de apoio no solo a bola e na parede as mãos e/ou os pés. O contato do corpo na bola será o dorso ou os ísquios. Esses exercícios, devido ao seu posicionamento, sempre solicitarão grande ativação dos flexores da coluna ou da cadeia anterior. Sempre bom observar e analisar os exercícios para serem aplicados de forma correta, pois a depender do paciente, aluno ou praticante poderá haver contraindicação por envolver muito equilíbrio e ativação muscular da cadeia anterior. Esses exercícios apresentam uma análise cinesiológica contendo informações como a realização do movimento, posições e movimentos articulares, músculos ativados e objetivos.

# FIXANDO A PLANTA DO PÉ

## POSIÇÕES E MOVIMENTOS ARTICULARES

- Coluna Cervical, Torácica e Lombar: leve flexão.
- Ombro: flexão em transição para extensão.
- Cotovelo: extensão.
- Punho e dedos: extensão em transição para posição neutra.

- Quadril: flexão bilateral.
- Joelho: flexão em transição para extensão bilateral.
- Tornozelo: flexão dorsal bilateral.

Fig. 235

**REALIZAÇÃO DO MOVIMENTO:** sentado sobre a bola o praticante coloca as duas mãos na parede como apoio iniciando a retirada dos pés do solo e levando-os para a parede (um depois o outro). Com os quatros apoios na parede, depois que fixou bem os pés, o praticante vai retirando as mãos e realiza uma leve extensão da coluna.

**MÚSCULOS ATIVADOS:** Cervical: reto anterior da cabeça, reto lateral da cabeça, longo da cabeça e do pescoço, esternocleidomastoideo bilateral, TRONCO: reto abdominal e oblíquos bilaterais (estabilizadores). MMSS: no apoio da mão na parede: deltoide (porção anterior), coracobraquial, serrátil anterior, grande dorsal e extensores do punho. MMII: reto femoral, iliopsoas, pectíneo, adutores, tibial anterior e fibular terceiro.

## NÍVEL E OBJETIVOS:

- Nível moderado na execução;
- Realizar movimento em cadeia cinética fechada;
- Realizar movimento no plano sagital;
- Promover autoconfiança;
- Promover ativação dos músculos da cadeia anterior da coluna devida a ação da gravidade;
- Fortalecer (isométrico) os flexores da coluna;
- Promover ativação do músculos laterais do tronco, pela estabilização da bola, evitando que ela role para os lados;
- Promover estimulação proprioceptiva na planta dos pés.

# FLEXO-EXTENSÃO DO QUADRIL E JOELHO

## POSIÇÕES E MOVIMENTOS ARTICULARES

- Coluna Cervical, Torácica e Lombar: leve flexão.
- Ombro: extensão neutra.
- Cotovelo: extensão neutra.
- Punho e dedos: leve flexão.
- Quadril: flexão.
- Joelho: flexão em transição para extensão.
- Tornozelo: flexão dorsal em transição para flexão plantar.

Fig. 236

**REALIZAÇÃO DO MOVIMENTO:** sentado sobre a bola com os pés apoiados na parede o praticante realiza uma extensão e flexão do quadril e joelho empurrando a bola para frente e para trás.

**MÚSCULOS ATIVADOS:** Cervical: reto anterior e lateral da cabeça, longo da cabeça e do pescoço, esternocleidomastoideo bilateral, TRONCO: reto abdominal e oblíquos bilateral (estabilizadores). MMII: iliopsoas, reto femoral, pectíneo, adutores, glúteo médio (porção anterior), glúteo mínimo, vastos, isquiotibiais, poplíteo, tibial anterior e fibular terceiro.

# NÍVEL E OBJETIVOS:

- Nível básico na execução;
- Realizar movimento plano no sagital;
- Promover autoconfiança;
- Mobilizar a articulação do quadril e joelho em flexo-extensão;
- Ativar os músculos responsáveis pela movimentação do quadril e joelho;
- Fortalecer (isométrico) os flexores da coluna;
- Promover estimulação proprioceptiva na planta dos pés;
- Promover ativação dos músculos laterais e posteriores da coluna, pela estabilização da bola, evitando que ela role para os lados;
- Promover alongamento dos músculos posteriores dos MMII quando o joelho estiver em extensão;
- Promover alongamento dos extensores da coluna, região lombar e extensores do quadril quando o praticante estiver com o quadril e joelho fletido e o glúteo próximo da parede;
- Promover ativação dos músculos da cadeia anterior da coluna devido ação da gravidade.

# ROTACIONAL

## POSIÇÕES E MOVIMENTOS ARTICULARES

• Coluna Cervical, Torácica e Lombar: movimento de flexão com flexão lateral acompanhado de rotação.

• Ombro: abdução horizontal e extensão.

• Cotovelo: flexão.

• Punho e dedos: flexão.

• Quadril: flexão com movimento alternado de adução e abdução.

• Joelho: extensão em transição para flexão, alternando os joelhos.

Fig. 237

• Tornozelo: flexão plantar em transição para flexão dorsal com inversão alternado.

**REALIZAÇÃO DO MOVIMENTO:** sentado sobre a bola e com os pés apoiados na parede o praticante realiza uma rotação do tronco rolando a bola para os lados flexionando o joelho contralateral à rotação.

**MÚSCULOS ATIVADOS: TRONCO:** reto anterior e lateral da cabeça, longo da cabeça e do pescoço, esternocleidomastoideo bilateral, reto abdominal, oblíquos (bilateral) e eretores da coluna (na contração unilateral). MMSS: deltoide, supra espinhal, redondo menor e bíceps porção longa. MMII: iliopsoas, pectíneo, reto femoral, isquiotibiais, adutores, fibular longo, curto e tibial anterior.

## NÍVEL E OBJETIVOS:

- Nível moderado na execução;
- Realizar movimento em cadeia cinética fechada;
- Realizar movimento no plano oblíquo;
- Promover transferência de peso para os lados;
- Trabalhar equilíbrio e coordenação;
- Promover ativação dos músculos flexores e rotadores da coluna;
- Promover fortalecimento isométrico do flexores da coluna;
- Promover fortalecimento isotônico dos flexores laterais, rotadores da coluna e reto abdominal (unilateral alternado);
- Promover alongamento dos músculos posteriores e rotadores externos do MI que está com joelho estendido;
- Promover a mobilização do quadril em adução e abdução;
- Promover estimulação proprioceptiva da planta dos pés na parede;
- Promover ativação dos músculos da cadeia anterior e cruzado da coluna devido a ação da garavidade;
- Trabalhar as reações de equilíbrio, proteção e retificação.

# FLEXÃO DE QUADRIL E COLUNA

## POSIÇÕES E MOVIMENTOS ARTICULARES

Fig. 238

- Coluna Cervical: neutra; Torácica e Lombar: flexão em transição para extensão ou flexão em transição para rotação.

- Ombro: neutra bilateral.

- Cotovelo: flexão bilateral.

- Punho e dedos: neutra.

- Quadril: movimento de flexão em transição para leve extensão.

- Joelho: flexão bilateral.

- Tornozelo: flexão dorsal bilateral.

**REALIZAÇÃO DO MOVIMENTO:** sentado sobre a bola com os pés apoiados na parede o praticante realiza uma extensão e flexão da coluna com as mãos apoiadas no peito ou atrás da cabeça.

**MÚSCULOS ATIVADOS: TRONCO:** reto anterior e lateral da cabeça, longo da cabeça e do pescoço, esternocleidomastoideo bilateral (isométrico), reto e transverso abdominal, oblíquos internos e externos bilaterais (estabilizadores) e eretores da espinha. MMII: iliopsoas e reto femoral (porção proximal).

# ABDOMINAL COM ROTAÇÃO DA COLUNA
## (variação)

### POSIÇÕES E MOVIMENTOS ARTICULARES

Fig. 239

• Coluna Torácica e Lombar: movimento sai da extensão em transição para flexão acompanhado de rotação.

**REALIZAÇÃO DO MOVIMENTO:** sentado sobre a bola com os pés apoiados na parede o praticante realiza uma extensão e flexão da coluna com as mãos apoiadas na cabeça.

**MÚSCULOS ATIVADOS: TRONCO:** reto anterior e lateral da cabeça, longo da cabeça e do pescoço, esternocleidomastoideo bilateral (isométrico), reto e transverso abdominal, oblíquos internos e externos bilaterais (estabilizadores) e eretores da espinha. MMII: iliopsoas e reto femoral (porção proximal).

## NÍVEL E OBJETIVOS:

- Nível moderado na execução;
- Realizar movimento no plano oblíquo;
- Trabalhar equilíbrio;
- Promover fortalecimento dos flexores e rotadores da coluna;
- Mobilizar a coluna em flexo-extensão com rotação;
- Promover estimulação proprioceptiva na planta dos pés devido ao contato com a parede.

# DECÚBITO DORSAL NA BOLA COM O PÉ NA PAREDE

## POSIÇÕES E MOVIMENTOS ARTICULARES

Fig. 240

- Coluna Cervical, Torácica e Lombar: flexão em transição para extensão neutra.

- Ombro: flexão em transição para extensão neutra.

- Cotovelo: leve flexão em transição para extensão.

- Punho e dedos: extensão em transição para posição neutra.

- Quadril: flexão em transição para extensão.

- Joelho: flexão em transição para extensão.

- Tornozelo: flexão dorsal em transição para posição neutra.

**REALIZAÇÃO DO MOVIMENTO:** sentado sobre a bola, com os pés e as mãos apoiados na parede, o praticante irá retirar as mãos da parede realizando uma extensão dos quadris e dos joelhos, rolando a bola um pouco para trás parando o movimento quando o seu corpo estiver todo estendido em decúbito dorsal.

**MÚSCULOS ATIVADOS:** Cervical: reto anterior e lateral da cabeça, longo da cabeça e do pescoço, esternocleidomastoideo bilateral (isométrico), TRONCO: reto e transverso abdominal, oblíquos internos e externos bilaterais (estabilizadores) e eretores da espinha e transespinhais. MMSS: deltoide, coracobraquial e peitoral maior. MMII: reto femoral, quadríceps, pectíneo e adutores.

## NÍVEL E OBJETIVOS:

- Nível moderado a avançado na execução;
- Realizar movimento em cadeia cinética fechada dos MMII;
- Realizar movimento no plano sagital;
- Promover ativação dos músculos da cadeia anterior e cruzado da coluna devido a ação da gravidade;
- Promover estimulação proprioceptiva na planta dos pés devido ao contato com a parede;
- Promover ativação dos músculos laterais da coluna lombar para estabilizar a bola;
- Trabalhar equilíbrio.

# DECÚBITO DORSAL COM FLEXÃO DE QUADRIL E COLUNA

## POSIÇÕES E MOVIMENTOS ARTICULARES

Fig. 241

- Coluna Cervical, Torácica e Lombar: movimento de extensão neutra em transição para flexão.
- Ombro: leve flexão bilateral.
- Cotovelo: flexão bilateral.
- Punho e dedos: leve flexão.
- Quadril: movimento de extensão em transição para flexão.
- Joelho: extensão bilateral.
- Tornozelo: posição neutra bilateral.

**REALIZAÇÃO DO MOVIMENTO:** sentado sobre a bola com os pés apoiados na parede, o praticante realiza flexão e extensão da coluna e do quadril rolando a bola de leve para trás, parando o movimento quando seu corpo estiver todo em decúbito dorsal.

**MÚSCULOS ATIVADOS:** Cervical: reto anterior e lateral da cabeça, longo da cabeça e do pescoço, esternocleidomastoideo bilateral (isométrico), TRONCO: reto do abdome (isotônico) e oblíquos (isométrico). MMII: reto femoral (porção proximal), iliopsoas (isotônico) e adutores.

## NÍVEL E OBJETIVOS:

- Nível avançado na execução;
- Realizar movimento no plano sagital;
- Promover mobilização da coluna em flexo-extensão;
- Promover fortalecimento isotônico dos flexores e extensores da coluna;
- Promover fortalecimento isométrico dos músculos laterais da coluna lombar por manter o quadril estabilizado e a bola parada;
- Promover ativação dos músculos flexores e adutores do quadril;
- Promover estimulação proprioceptiva na planta dos pés devido ao contato com a parede.

# ELEVAÇÃO DOS PÉS COM APOIO DAS MÃOS

## POSIÇÕES E MOVIMENTOS ARTICULARES

Fig. 242

- Coluna Cervical, Torácica e Lombar: leve flexão.
- Ombro: flexão em transição para extensão.
- Cotovelo: extensão.
- Punho e dedos: extensão.
- Quadril: flexão.
- Joelho: flexão em transição para a extensão.
- Tornozelo: flexão dorsal em transição para flexão plantar.

**REALIZAÇÃO DO MOVIMENTO:** sentado sobre a bola com os pés e as mãos apoiados na parede, o praticante realiza flexão plantar dos pés e flexão do quadril e do joelho retirando o apoio dos pés na parede. Em seguida desliza a bola em direção a parede, encosta o dorso na bola e eleva os pés para cima estendendo o joelho.

**MÚSCULOS ATIVADOS:** Cervical: reto anterior e lateral da cabeça, longo da cabeça e do pescoço, esternocleidomastoideo bilateral (isométrico), TRONCO: reto do abdome e transverso abdominal, oblíquos internos e externos bilaterais (estabilizadores), eretores da espinha, transespinhais. MMSS: serrátil anterior, deltoide, coracobraquial, peitoral maior, grande dorsal, tríceps, ancôneo e extensores do punho. MMII: reto femoral, iliopsoas, vastos, sóleo e gastrocnêmio.

## NÍVEL E OBJETIVOS:

- Nível avançado na execução;
- Realizar movimento de balanço no plano sagital;
- Promover equilíbrio;
- Promover ativação e fortalecimento isométrico dos flexores da coluna e do quadril;
- Promover ativação e fortalecimento (isométrico) dos músculos laterais da coluna lombar pela estabilidade da bola;
- Promover ativação e fortalecimento isométrico dos adutores horizontais dos ombros;
- Promover estímulo proprioceptivo das articulações dos MMSS;
- Promover alongamento ativo dos isquiotibiais e eretores da coluna da região lombar.

# ARANHA DE CABEÇA PARA BAIXO

## POSIÇÕES E MOVIMENTOS ARTICULARES

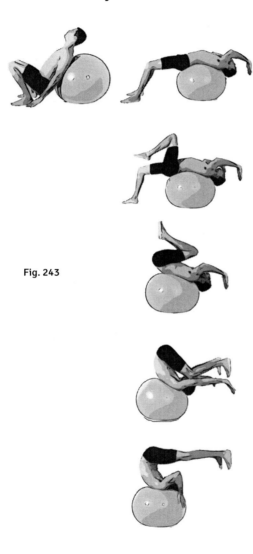

Fig. 243

- Coluna Cervical, Torácica e Lombar: extensão em transição para a flexão.

- Ombro: extensão neutra em transição para a flexão com abdução horizontal.

- Cotovelo: extensão em transição para flexão.

- Punho e dedos: posição neutra em transição para a extensão finalizando em posição neutra segurando a bola.

- Quadril: flexão em transição para extensão finalizando com flexão.

- Joelho: de flexão total para a extensão total.

- Tornozelo: de flexão dorsal para a flexão plantar finalizando na posição neutra.

**REALIZAÇÃO DO MOVIMENTO:** com as costas sobre a bola o praticante realiza uma hiperextensão da coluna rolando a bola para trás e encostando a mão na parede. Em seguida, retira um pé de cada vez do solo levando para a parede com o quadril e o joelho fletido para melhor posicionar os pés. Depois que estiver com os quatro apoios dos membros na parede, aos poucos retira as mãos, deixando apenas os pés e finaliza a postura com a extensão do joelho afastando a bola da parede.

**MÚSCULOS ATIVADOS: TRONCO:** reto abdominal (quando puxa as pernas para cima levando para a parede) e eretores da espinha. MMSS: serrátil anterior, redondo menor, peitoral maior, deltoide (fibras laterais e posteriores), tríceps, ancôneo, bíceps (porção longa), coracobraquial e extensores do punho (quanto ao apoio da mão na parede). MMII: iliopsoas, pectíneo, adutores e quadríceps (quando puxa as pernas para cima levando para a parede).

## NÍVEL E OBJETIVOS:

- Nível avançado na execução;

- Realizar movimento no plano sagital;

- Promover mobilização da coluna, quadril e joelho em extensão e flexão e extrema flexão da cervical na última postura;

- Promover alongamento da cadeia anterior na segunda postura e da cadeia posterior da coluna e dos MMII na última postura;

- Trabalhar o equilíbrio e a consciência corporal.

# (SARVÁNGÁSANA)

## ELEVAÇÃO DA PERNA COM ABDUÇÃO DO QUADRIL

### POSIÇÕES E MOVIMENTOS ARTICULARES

Fig. 244

- Coluna Cervical, Torácica e Lombar: flexão.
- Cintura Escapular: abdução bilateral.
- Ombro: flexão com leve abdução horizontal bilateral.
- Cotovelo: extensão bilateral.
- Punho: neutra em transição para extensão apenas na mão apoiada na parede.
- Quadril: flexão e abdução bilateral em transição para extensão apenas da perna elevada.
- Joelho: extensão bilateral.
- Tornozelo: flexão dorsal bilateral em transição para flexão plantar apenas da perna elevada.

**REALIZAÇÃO DO MOVIMENTO:** com apoio dos pés na parede, pernas abduzidas e as mãos na região lateral das pernas, o praticante retira um pé da parede levando-o para cima. No lugar do pé que foi retirado coloca-se a mão para permanecer no apoio.

**MÚSCULOS ATIVADOS: TRONCO:** reto abdominal, oblíquos e eretores da coluna (para impedir que o corpo caia para trás). MMSS: serrátil anterior, peitoral maior, coracobraquial, tríceps, ancôneo, bíceps e extensores do punho (concentricamente). MMII: adutores (magno, curto e longo), isquiotibiais (para manter a perna estendida), glúteo máximo (age para estender os quadris), sóleo e gastrocnêmio (para fazer a flexão plantar).

## NÍVEL E OBJETIVOS:

- Nível avançado na execução;
- Realizar o movimento no plano sagital;
- Promover mobilização da coluna, quadril e joelho em extensão e flexão e extrema flexão da cervical na última postura;
- Promover alongamento da cadeia posterior da coluna, adutores e posteriores dos MMII;

**OBS.:** esse movimento aumenta o fluxo sanguíneo para a cabeça, o retorno venoso e o sistema linfático.

- Promover fortalecimento dos extensores do quadril da perna elevada;
- Trabalhar concentração;
- Trabalhar o equilíbrio.

# VELA

## POSIÇÕES E MOVIMENTOS ARTICULARES

Fig. 245

- Coluna Cervical: extensão em transição para flexão extrema. Torácica e Lombar: leve flexão em transição para flexão torácica e extensão da lombar.

- Ombro: abdução horizontal.

- Cotovelo: flexão bilateral.

- Punho e dedos: extensão.

- Quadril: movimento de flexão em transição para extensão.

- Joelho: movimento de flexão em transição para extensão.

- Tornozelo: flexão plantar bilateral.

**REALIZAÇÃO DO MOVIMENTO:** com o dorso sobre a bola e com as mãos na parede, o praticante realiza uma extensão da coluna lombar, quadril e joelho estendendo as pernas para cima.

**MÚSCULOS ATIVADOS: TRONCO:** reto abdominal, oblíquos e eretores da coluna (para impedir que o corpo caia para trás). MMSS: serrátil anterior, deltoide, peitoral maior, coracobraquial, tríceps, ancôneo, bíceps e extensores do punho (concentricamente). MMII: adutores (magno, curto e longo), isquiotibiais (para manter as pernas juntas e estendidas), glúteo máximo (para estender os quadris), sóleo e gastrocnêmio (flexão plantar).

# NÍVEL E OBJETIVOS

- Nível avançado na execução;
- Realizar movimento no plano sagital;
- Promover mobilização dos quadris, joelhos e da coluna lombar em flexo-extensão;
- Promover fortalecimento isométrico dos músculos da cintura escapular;
- Promover fortalecimento isométrico dos extensores e adutores do quadril;

**OBS.:** esse movimento aumenta o retorno venoso levando mais sangue para a região da cabeça e aumento da pressão intracraniana e circulação linfática.

- Promover alongamento dos extensores da cervical;
- Trabalhar concentração;
- Trabalhar o equilíbrio.

# EDUCATIVOS COM A PRANCHA

Os movimentos ilustrados a seguir foram criados para serem realizados com o uso da prancha. É um trabalho direcionado para os praticantes de esportes com prancha, cujo objetivo é possibilitar ao praticante vivenciar o movimento em outro meio para facititar na memorização (motora e neural) do movimento específico do esporte. É sempre bom observar algumas partes do corpo durante os movimentos, principalmente os joelhos, pois sabemos que os esportes com prancha podem ser lesivos para as articulações por trabalhar sempre com o máximo da amplitude de movimento. Alguns movimentos seguem a mesma linhagem dos anteriores contendo algumas informações, já outros foram colocados apenas as ilustrações dos movimentos.

# ALONGAMENTO COM A MÃO NA BORDA

Fig. 246

## POSIÇÕES E MOVIMENTOS ARTICULARES

- Coluna Cervical, Torácica e Lombar: movimento da posição neutra de extensão em transição para flexão.
- Ombro: posição neutra em transição para flexão.
- Cotovelo: leve flexão em transição para extensão.
- Punho e dedos: leve flexão.
- Quadril: flexão.
- Joelho: flexão em transição para extensão.
- Tornozelo: posição neutra em transição para flexão dorsal.

**REALIZAÇÃO DO MOVIMENTO:** partindo da posição sentado sobre a bola, o praticante realiza uma expiração e flexiona a coluna, estende os joelhos e realiza uma flexão dorsal colocando a borda da prancha no solo alcançando-a com as mãos.

**MÚSCULOS ATIVADOS: TRONCO:** reto abdominal, oblíquos e eretores da coluna (excentricamente). MMSS: peitoral maior, deltoide e coracobraquial (concentricamente). MMII: quadríceps, tibial anterior e fibulares (longo e curto)

## OBJETIVOS:

- Nível básico na execução;
- Realizar movimento no plano sagital;
- Promover mobilização da coluna em flexão;
- Promover ativação dos flexores da coluna;
- Promover alongamento dos extensores da coluna e flexores do joelho e plantares.

# SIMULAÇÃO DE LAYBACK

Fig. 247

## MOVIMENTOS E POSIÇÕES ARTICULARES

- Coluna cervical: neutra. Torácica e Lombar: movimento sai da posição neutra em transição para extensão com rotação.

- Ombro: posição neutra em transição para flexão do esquerdo e extensão do direito.

- Cotovelo: movimento de extensão em transição para leve flexão.

- Punho e dedos: neutro em transição para extensão.

- Quadril: flexão em transição para extensão.

- Joelho: flexão.

- Tornozelo: posição neutra.

**REALIZAÇÃO DO MOVIMENTO:** partindo da posição sentado na bola com os ombros em posição neutra, o praticante realiza um movimento de extensão da coluna e do quadril encostando o dorso na bola e colocando uma das mãos no solo como apoio. Retorna à posição inicial com a flexão da coluna e quadril.

# MOVIMENTOS COMPLEXO QUE ENVOLVE MÚLTIPLAS ARTICULAÇÕES E MÚLTIPLOS MÚSCULOS

## OBJETIVOS:

- Nível moderado na execução;
- Realizar movimento no plano oblíquo.
- Trabalhar as reações posturais (equilíbrio, endireitamento e retificação);
- Mobilizar a coluna em leve rotação, extensão e flexão;
- Promover aproximação e afastamento das coxas com o tronco;
- Simular o layback com a mão na borda;
- Promover alongamento dos flexores da coluna e do quadril;
- Simular um dos movimentos realizado no surf.

# SIMULAÇÃO DE GRABRAIL

Fig. 248

## POSIÇÕES E MOVIMENTOS ARTICULARES

- Coluna Cervical, Torácica e Lombar: posição neutra de extensão em transição para flexão.
- Ombro: posição neutra em transição para abdução ombro atrás do corpo.
- Cotovelo: extensão.
- Punho e dedos: leve flexão.
- Quadril: flexão bilateral em transição para extensão apenas de um.
- Joelho: flexão.
- Tornozelo: posição neutra em transição para flexão dorsal apenas de um.

**REALIZAÇÃO DO MOVIMENTO:** partindo da posição sentado sobre a bola, o praticante realiza uma rotação da coluna encostando a face lateral de uma das coxas na bola e um dos joelhos na prancha. Com uma das mãos na borda da prancha simula um movimento de grabrail ou de entubar de costa para a onda.

# MOVIMENTOS COMPLEXO QUE ENVOLVE MÚLTIPLAS ARTICULAÇÕES E MÚSCULOS

## NÍVEL E OBJETIVOS:

- Nível básico a moderado na execução;
- Realizar movimento no plano oblíquo;
- Promover mobilização da coluna em flexão e dos quadris e joelhos em flexo-extensão;
- Promover ativação dos flexores e rotadores da coluna;
- Trabalhar equilíbrio e coordenação;
- Trabalhar a memória muscular simulando o movimento.

# TROCA DE DIREÇÃO

Fig. 249

## POSIÇÕES E MOVIMENTOS ARTICULARES

- Coluna Cervical, Torácica e Lombar: posição neutra de extensão em transição para leve flexão.
- Ombro: posição neutra em transição para leve extensão,
- Cotovelo: flexão em transição para extensão.
- Punho e dedos: leve flexão.
- Quadril: flexão.
- Joelho: movimento de flexão em transição para extensão.
- Tornozelo: posição neutra em transição para flexão dorsal.

**REALIZAÇÃO DO MOVIMENTO:** sentado sobre a bola com a prancha a frente, o praticante realiza uma flexão de quadril acompanhado de rotação do tronco inferior retirando a prancha da frente levando-a para a lateral da bola e trocando-a de direção.

**MÚSCULOS ATIVADOS: TRONCO:** reto abdominal, oblíquos e eretores da coluna (excentricamente). MMII: isquiotibiais, quadríceps, iliopsoas, adutor curto, tibial anterior e eversores.

## NÍVEL E OBJETIVOS:

- Nível moderado na execução;
- Realizar movimento no plano sagital e transverso;
- Promover mobilização da coluna inferior em rotação;
- Trabalhar equilíbrio;
- Aprimorar a troca de base para o kitesurf;
- Promover ativação dos rotadores, flexores da coluna e flexores e extensores do joelho.

# SALTO BÁSICO

Fig. 250

## POSIÇÕES E MOVIMENTOS ARTICULARES

- Coluna Cervical, Torácica e Lombar: posição neutra de extensão em transição para leve flexão.
- Ombro: posição neutra em transição para leve flexão.
- Cotovelo: flexão em transição para extensão.
- Punho e dedos: leve flexão.
- Quadril: flexão.
- Joelho: flexão.
- Tornozelo: posição neutra em transição para flexão dorsal.

**REALIZAÇÃO DO MOVIMENTO:** sentado sobre a bola o praticante realiza uma flexão de quadril levantando e retirando a prancha do solo fazendo uma leve flexão da coluna. Volta à posição inicial retornando à prancha no solo.

**MÚSCULOS ATIVADOS: TRONCO:** reto abdominal, oblíquos e eretores da coluna (excentricamente). MMSS: deltoide, peitoral maior, e coracobraquial (concentricamente). MMII: isquiotibiais, iliopsoas, adutor curto, tibial anterior e eversores.

## NÍVEL E OBJETIVOS:

- Nível moderado na execução;
- Realizar movimento no plano sagital;
- Promover mobilização da coluna em flexão;
- Trabalhar equilíbrio;
- Aproximar as coxas do tronco;
- Promover ativação dos flexores da coluna e flexores do quadril.

# JUMP BÁSICO SEGURANDO A EXTREMIDADE DA PRANCHA

Fig. 251

## POSIÇÕES E MOVIMENTOS ARTICULARES

- Coluna Cervical, Torácica e Lombar: posição neutra de extensão em transição para leve flexão.
- Ombro: posição neutra em transição para leve flexão.
- Cotovelo: flexão em transição para extensão.
- Punho e dedos: leve flexão.
- Quadril: flexão.
- Joelho: flexão em transição para extensão de um dos joelhos.
- Tornozelo: posição neutra em transição para flexão dorsal.

**REALIZAÇÃO DO MOVIMENTO:** sentado sobre a bola, o praticante realiza uma flexão de quadril e retira a prancha do solo, flexiona um dos joelhos e estende o outro para aproximar uma das extremidades da prancha para ser alcançada com uma das mãos. Retorna ao movimento colocando a prancha no solo.

**MÚSCULOS ATIVADOS: TRONCO:** reto abdominal, oblíquos e eretores da coluna (excentricamente). MMSS: peitoral maior, deltoide e coracobraquial (concentricamente). MMII: isquiotibiais, iliopsoas, adutor curto, tibial anterior e eversores.

## NÍVEL E OBJETIVOS:

- Nível avançado na execução;
- Realizar movimento no plano sagital;
- Promover mobilização da coluna em flexão;
- Trabalhar equilíbrio;
- Aproximar as coxas do tronco;
- Promover ativação dos flexores da coluna e flexores do quadril.

# JUMP SEGURANDO NA BORDA

Fig. 252

## POSIÇÕES E MOVIMENTOS ARTICULARES

- Coluna Cervical, Torácica e Lombar: posição neutra de extensão em transição para leve flexão.
- Ombro: posição neutra em transição para flexão. Um estende e o outro flexiona.
- Cotovelo: flexão em transição para leve extensão unilateral.
- Punho e dedos: leve flexão segurando a borda e extensão apoiando na bola.
- Quadril: flexão bilateral.
- Joelho: flexão bilateral.
- Tornozelo: posição neutra em transição para flexão dorsal.

**REALIZAÇÃO DO MOVIMENTO:** sentado sobre a bola o praticante realiza flexão de quadril, retira a prancha do solo e faz uma leve flexão da coluna aproximando a coxa do tronco segurando com uma das mãos a borda da prancha. Retorna à prancha no solo.

**MÚSCULOS ATIVADOS: TRONCO:** reto abdominal, oblíquos e eretores da coluna (excentricamente). **MMSS:** peitoral maior, deltoide e coracobraquial (concentricamente). MMII: isquiotibiais, iliopsoas, adutor curto, tibial anterior e eversores.

## NÍVEL E OBJETIVOS:

- Nível avançado na execução;
- Realizar movimento no plano sagital;
- Promover mobilização da coluna em flexão;
- Trabalhar equilíbrio e coordenação;
- Aproximar as coxas do tronco;
- Facilitar o movimento de pegar a prancha; Na prática do surf e do kite.
- Promover ativação dos flexores da coluna e flexores do quadril.

## VARIAÇÕES DE COMO SEGURAR NA BORDA

Fig. 253　　　　　Fig. 254　　　　　Fig. 255

Fig. 256a　　　　Fig. 256b　　　　Fig. 257

## APROXIMAÇÃO E AFASTAMENTO DA PRANCHA

Fig. 258

## POSIÇÕES E MOVIMENTOS ARTICULARES

- Coluna Cervical, Torácica e Lombar: posição neutra de extensão em transição para flexão.

- Ombro: abdução horizontal.

- Cotovelo: flexão de um e extensão do outro.

- Punho e dedos: neutro e extensão (solo).

- Quadril: flexão em transição para extensão.

- Joelho: flexão em transição para extensão.

- Tornozelo: flexão dorsal.

**REALIZAÇÃO DO MOVIMENTO:** em decúbito lateral, com a lateral do tronco inferior e do quadril sobre a bola, quadril e joelho flexionados, uma das mãos no solo (sustentando o peso) e uma das extremidades da prancha no solo, o praticante realiza uma extensão e flexão dos quadris e dos joelhos. Aproxima e afasta as coxas no tronco.

**MÚSCULOS ATIVADOS: TRONCO:** reto abdominal, oblíquos interno e externo, quadrado lombar e eretores da coluna (excentricamente). MMSS: manguito rotador (mão no solo), peitoral maior, deltoide lateral e anterior, coracobraquial e tríceps. MMII: isquiotibiais, iliopsoas, adutores, abdutores, tibial anterior e eversores.

## NÍVEL E OBJETIVOS:

- Nível avançado na execução;

- Realizar movimento no plano sagital;

- Promover mobilização da coluna, quadril e joelho em flexão e extensão;

- Trabalhar equilíbrio;

- Trabalhar na ativação e fortalecimento da cintura escapular e ombro com a mão no solo;

- Aproximar as coxas do tronco;

- Facilitar o movimento de aproximar a prancha;

- Promover ativação dos flexores da coluna e flexores dos quadris e joelhos.

# ABDOMINAL Flexo-extensão de joelho KITE/SURF

Fig. 259

## MOVIMENTOS E POSIÇÕES ARTICULARES

- Coluna cervical: flexão. Torácica e Lombar: leve flexão.
- Ombro: extensão bilateral.
- Cotovelo: extensão bilateral.
- Punho e dedos: extensão bilateral.
- Quadril: flexão bilateral.
- Joelho: movimento de extensão em transição para flexão.
- Tornozelo: leve flexão dorsal.

**REALIZAÇÃO DO MOVIMENTO:** sentado na bola com os ombros em hiperextensão, mãos no solo e prancha no pé, o praticante realiza um movimento do joelho em flexão e extensão de forma alternada, levando as extremidades da prancha para cima e para baixo também de forma alternada.

**MÚSCULOS ATIVADOS: TRONCO:** reto do abdome (porção inferior), oblíquos interno e externo. MMSS: deltoide (fibras posteriores), manguito rotador, redondo maior, romboides, trapézio, tríceps, ancôneo, extensores do punho e dedos (isométrico). MMII: reto femoral, iliopsoas, tensor da fáscia lata, glúteos máximo, médio e mínimo, adutores e flexores plantares (isométrico).

# NÍVEL E OBJETIVOS:

- Nível avançado;
- Realizar movimento no plano sagital;
- Trabalhar as reações posturais (equilíbrio, endireitamento e retificação);
- Promover fortalecimento isométrico dos flexores do tronco;
- Promover alongamento passivo dos flexores do ombro e flexores do cotovelo;
- Promover contração isométrica dos extensores do ombro em cadeia fechada;
- Promover fortalecimento dos flexores do quadril em cadeia aberta;
- Promover fortalecimento dos músculos abdominais inferiores.

## DESLOCAMENTO LATERAL

Fig. 260

### MOVIMENTOS E POSIÇÕES ARTICULARES

- Coluna cervical: flexão. Torácica e Lombar: posição neutra em transição para leve flexão lateral.
- Ombro: posição neutra em transição para adução e leve abdução.
- Cotovelo: extensão.
- Punho e dedos: extensão.
- Quadril: flexão em transição para extensão (apenas de um quadril).
- Joelho: flexão em transição para extensão (apenas de um joelho).
- Tornozelo: posição neutra em transição para inversão e leve eversão.

**REALIZAÇÃO DO MOVIMENTO:** sentado na bola com os ombros em posição neutra, o praticante realiza movimento lateral do quadril estendendo um quadril e um joelho colocando umas das mãos no solo e a outra na extremidade da prancha. Retorna ao movimento lateral do quadril voltando à posição inicial.

## MOVIMENTOS COMPLEXO QUE ENVOLVE MÚLTIPLAS ARTICULAÇÕES E MÚSCULOS

## NÍVEL E OBJETIVOS:

- Nível moderado na execução;
- Realizar movimento no plano oblíquo;
- Trabalhar as reações posturais (equilíbrio, endireitamento e retificação);
- Promover dissociação da cintura escapular com a cintura pélvica;
- Simular um dos movimentos realizado no kitesurf.

# SIMULAÇÃO DE AÉREO COM MÃO NA BORDA

Fig. 261

## MOVIMENTOS E POSIÇÕES ARTICULARES

- Coluna cervical: neutra em transição para flexão com rotação. Torácica e Lombar: posição neutra em transição para leve flexão, rotação e flexão lateral.
- Ombro: posição neutra em transição para leve flexão e abdução.
- Cotovelo: movimento de leve extensão em transição para leve flexão.
- Punho e dedos: neutra em transição para flexão dos dedos (prancha) e extensão (solo).
- Quadril: flexão.
- Joelho: flexão em transição para extensão de apenas um membro.
- Tornozelo: leve flexão dorsal.

**REALIZAÇÃO DO MOVIMENTO:** sentado na bola com os ombros em posição neutra, o praticante realiza um movimento impulsionando-se para cima, retirando a prancha do solo e rodando o tronco sobre a bola mantendo os quadris flexionados (um dos joelhos fica estendido e o outro flexionado). Coloca umas das mãos no solo e a outra segura a borda da prancha. Retorna ao movimento voltando à posição inicial.

## MOVIMENTOS COMPLEXO QUE ENVOLVE MÚLTIPLAS ARTICULAÇÕES E MÚLTIPLOS MÚSCULOS

## NÍVEL E OBJETIVOS:

- Nível avançado na execução;
- Realizar movimento no plano oblíquo;
- Trabalhar as reações posturais (equilíbrio, endireitamento e retificação);
- Mobilizar a coluna em rotação e flexão;
- Promover aproximação das coxas com o tronco;
- Simular o aéreo com a mão na borda;
- Simular o aéreo com os movimentos das pernas;
- Simular um dos movimentos realizado do surf;
- Trabalhar coordenação motora.

## VARIAÇÕES

Fig. 262

Fig. 263

Fig. 264

## VARIAÇÕES DE ROTAÇÕES

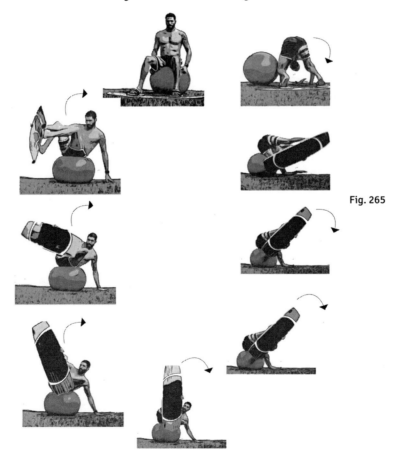

Fig. 265

# REFERÊNCIAS:

## LIVROS

_____. **Guia de Meditação**. 3. ed. Florianópolis: Dharma, 2001.

_____. **História do yoga**. 2. ed. Florianópolis: Dharma, 2000.

ABDALLAH, Achour. **Exercícios de Alongamento anatomia e fisiologia**. 1. ed. São Paulo: Manole, 2002.

AMARO, J.L.; GAMEIRO, M.O.O. **Incontinência Urinária:** Tratamento não cirúrgico cinesioterapia. Belo Horizonte: Atheneu, 2001.

AMERICAN COLEGE OF SPORTS MEDICINE. **Diretrizes do ACMS para os testes de esforço e sua prescrição**. 6. ed. Rio de Janeiro: Guanabara Koogan, 2003.

ANDREWS, James R.; HARRELSON, Gary L.; WILK, Kevin E. **Reabilitação Física do Atleta**. 3. ed. Rio de Janeiro: Elsiever, 2005.

AREIAS, Almir das. **O que é Capoeira**. São Paulo: Brasiliense, 1983.

ASCHER, C. **Variações de Postura na criança**. São Paulo: Manole, 1976.

BARRETO, D. **Dança; Ensino, sentimentos e possibilidades na escola**. São Paulo: Autores autorizados LTDA, 2004.

BORGES, D. *et al.* **Aspectos clínicos e práticos da reabilitação**. 1. ed. São Paulo: Artes Médicas, 2007.

CAMINADA, E. **História da dança**: evolução cultural. Rio de Janeiro: Sprint, 1999.

CARPENTER, Carlos Sandro. **Biomecânica**. Rio de Janeiro: Sprint, 2005.

CARRIÈRE, Beate. **Bola Suíça**: Teoria, exercícios básicos e aplicação clínica. São Paulo: Manole, 1999.

CARVALHO, M. A. P. **Noções práticas de reumatologia.** 2. ed. Belo Horizonte: Health, 1998. p. 301-312.

CARVALHO, M. A. P.; REGO, R. R. **Fibromialgia**: 2. ed. São Paulo: Medsi, 2001.

COHEN, M. ABDALLA, RJ. **Lesões no esporte – Diagnóstico – Prevenção – Tratamento.** Rio de Janeiro: Revinter, 2003.

CRAIG, Collen. **Abdominais com a Bola.** 2. ed. São Paulo: Phorte, 2006.

CRAIG, Collen. **Pilates com a Bola.** 2. ed. São Paulo: Phorte, 2005.

CRAIG, Collen. **Treinamento de força com bola.** 2. ed. São Paulo: Phorte, 2007.

DANGELO, J. G.; FATTINI, C. A. **Anatomia Básica dos sistemas orgânicos.** São Paulo: Atheneu, 1997.

DAVID L. NELSON; MICHAEL M. COX. **Lehninger Principles of Biochemistry.** 3. ed. New York: Worth Publishing, 2001.

DENADAI, S. B; GRECO, C. C. **Prescrição do treinamento aeróbico: Teoria e Prática.** Rio de Janeiro: Koogan, 2005.

ELIADE, Mircéa. **Patañjali e o yoga.** Lisboa/Rio de Janeiro: Relógio D' Água editores, 2000.

FEUERSTEIN, Georg. **A Tradição do yoga.** 4. ed. São Paulo: Pensamento, 1998.

FEUERSTEIN, Georg. **Uma Visão Profunda do yoga.** 2. ed. São Paulo: Pensamento, 2005.

FREITAS, L. J. **Capoeira infantil**: a arte de brincar com o próprio corpo. Curitiba: Gráfica Expoente, 1997.

FRITZ, Sandy; PAHOLSKY, Kathleen M. **Terapia pelo movimento.** 1. ed. São Paulo: Manole, 2002.

GRAY, D. Goss, C. M. **Anatomia.** Rio de Janeiro: Guanabara Koogan, 1998.

GUYTON, A. C. **Fisiologia Humana**. 6. ed. Rio de Janeiro: Guanabara Koovan, 1998.

GUYTON, Arthur C. **Fisiologia humana e mecanismos das doenças**. 5. ed. Rio de Janeiro: Guanabara Koogan, 1993.

HALL, Carrie. M.; BRODY, Lori. T. **Exercícios Terapêuticos na busca função**. Rio de Janeiro: Guanabara Koogan, 2001.

HALL, S. **Biomecânica Básica**. Rio de Janeiro: Guanabara Koogan, 1993.

HALL, Susan J. **Biomecânica Básica**. 5. ed. São Paulo: Manole, 2009.

HAMILL, J.; KNUTZEN, M. K. **Bases Biomecânica do Movimento Humano**. São Paulo: Manole, 1999.

HERMÓGENE, José Hermógenes. **Saúde Plena**: yogaterapia. Rio de Janeiro: Nova Era, 2001.

HOFFMAN, S. J.; HARRIS, J. C. **Cinesiologia:** O estudo da Atividade Física. Porto Alegre: Artmed, 2002.

IYENGAR, B. K. S. **A árvore do ioga**. São Paulo: Globo, 2001.

IYENGAR, B. K. S. **A Luz da Ioga**. 6. ed. São Paulo: Globo, 2003.

JACOB, S. W. **Anatomia e Fisiologia Humana.** 5. ed. Rio de Janeiro: Guanabara Koogan, 1992.

KAPANDJI, A. I. **Fisiologia articular, membros superiores**. 6. ed. São Paulo: Guanabara Koogan, 2000.

KAPANDJI, A. I. **Fisiologia articular, membros inferiores**. 6. ed. São Paulo: Guanabara Koogan, 2006.

KAPANDJI, A. I. **Fisiologia articular, tronco e coluna vertebral**. 5. ed. São Paulo: Guanabara Koogan, 2000.

KENDALL, Peterson F. **Músculos, Provas e funções.** 5. ed. São Paulo: Manole, 2007.

KISNER, C. **Exercícios Terapêuticos, fundamentos e técnicas**. 4. ed. São Paulo: Manole, 2005.

KUPFER, Pedro. **Yoga Prático**. 3. ed. Florianópolis: Dharma, 2001.

LEONARD, C. T. **The Neuroscience of Human Movement.** USA: Mosby-Year Book, 1997.

LIPPERT, Lynn. **Cinesiologia clínica para fisioterapeutas:** Incluindo teste para auto-avaliação. 1. ed. Rio de Janeiro: Revinter, 1996.

LOPES, A. L. L. **A Capoeiragem no Rio de Janeiro**. Rio de Janeiro: Europa, 2000.

MARTNS, Daniela S.; CRUZ Tirciane M.F. **Exercícios com a bola Um Guia prático**. São Paulo: Phorte, 2007.

MAUGHAN, RON; GLEESON, MICHAEL; GREENHAFF, PAUL L. **Bioquímica do exercício e treinamento**. 1. ed. São Paulo: Manole, 2000. 240 p.

MIRANDA, Edalton. **Bases de Anatomia e Cinesiologia**. 6. ed. Rio de Janeiro: Sprint, 2006.

MOLINE, B. **Avaliação Médica e Física para Atletas e praticantes de Atividade Física**. 1. ed. São Paulo: Roca, 2000.

MOORE, K. L., DALLEY, A. F. **Anatomia orientada para clínica**. 4. ed. Rio de Janeiro: Guanabara Koogan, 1994.

MOREIRA, C. **Noções práticas de reumatologia**, volume I. Belo Horizonte: Health,1996. p. 26.

NEUMANN, Donald A. **Cinesiologia do aparelho músculo esquelético**. Fundamentos para a Reabilitação Física. Rio de Janeiro: Guanabara Koogan, 2005.

PEREIRA, Benedito. **Metabolismo celular e exercício físico**: aspectos bioquímicos e nutricionais. São Paulo: Phorte, 2004.

PLATONOV, V. **El entrenamiento desportivo**. Teoría y metodologia. Barcelona: Paindotribo, 1995.

PORTINARI, M. B. **História da dança**. Rio de Janeiro: Nova Fronteira S/A, 1989.

RANGEL, N. B. C. **Dança educação, educação física**; Proposta de ensino da dança e o universo da educação física. 1. ed. São Paulo: Fontoura, 2002.

RASCH, P. **Cinesiologia e Anatomia aplicada**. 7. ed. Rio de Janeiro: Guanabara, Koogan, 1991.

RASCH, P. J.; BURKE, Roger K. **Cinesiologia e Anatomia Aplicada**. 5. ed. Rio de Janeiro: Guanabara Koogan, 1983.

ROBISON, Lynner; NAPPER, Howard. **Exercícios inteligentes com Pilates e yoga**. 11. ed. São Paulo: Pensamento, 2006.

ROCHA, Ruth. **Minidicionário**. São Paulo: Scipione, 1996.

RUBINSTEIN, I. **Clínicas Brasileiras de urologia incontinência urinária na mulher**. v. 1. Belo Horizonte: Atheneu, 2001.

SENNA, Carlos. "Capoeira, Arte Marcial Brasileira". **Cadernos de Cultura,** n. 1, 1980.

SILVA, G. O. **Capoeira do engenho à universidade**. São Paulo: Cepesup, 1993.

SMITH, L. K. *et al.* **Cinesiologia Clínica de Brunnstrom**. 5. ed. São Paulo: Manole, 1997.BRITO

SOBOTTA. **Atlas da Anatomia Humana**. Cabeça, pescoço e extremidade superior. 21. ed. v. 1. Rio de Janeiro: Guanabara Koogan, 2000.

SOBOTTA. **Atlas da Anatomia Humana**. Troncas vísceras e extremidades inferiores. 21. ed. v. 1. Rio de Janeiro: Guanabara Koogan, 2000.

SOUZA. J. C. **Mestres Bimba**: Corpo de Mandiga, Manati: Rio de Janeiro, 2002.

SPENCE, Alexandre P. **Anatomia Humana Básica.** 2. ed. São Paulo: Manole, 1991.

STARKET, Chad. **Recursos Terapêuticos em Fisioterapia**. 1. ed. São Paulo: Manole, 2001.

THOMPSON, C. W.; FLOYD, R. T. **Manual de Cinesiologia Estrutural**. 12. ed. São Paulo: Manole, 1997.

VERDERI, Erica. **Treinamento Funcional com bola**. 1. ed. São Paulo: Phorte, 2008.

VIEIRA, L. R. **O Jogo de Capoeira**: Cultura Popular no Brasil. 2. ed. Rio de Janeiro: Sprint, 1998.

WESINSTEIN, Stuart L. **Ortopedia de Turek Princípios e Aplicações**. 1. ed. São Paulo: Manole, 2000.

WHITING, W.; ZERNICKE, R. **Biomecânica da Lesão músculo esquelética**. Rio de Janeiro: Guanabara Koogan, 2001.

WINTER, D. A. **Biomechanicals and Motor Control of Human Movement**. 4. ed. Canada: Wiley, 2009.

# REVISTAS CIENTÍFICAS

ALEJANDRO, D. P. Efectos del Hatha-yoga sobre la salud. Parte II. **Revista Cubana Med. Gen. Integr.**, Ciudad de La Habana, v. 14, n. 5, sep./oct. 1998.

AMANAJÁS, D. C. Distrofia Muscular. **Fisio & terapia**, Rio de Janeiro, ano 7, n. 39, p. 11-14, jun./jul., 2003.

CASTRO J. L. VITOR. Capoeira e os diversos aprendizados no espaço escolar. **Revista Motrivivência**, ano 11, n. 14, p. 159-171, maio 2000.

CASPERSEN, C. J.; POWELL, K. E.; CRISTENSON, G. M. Physical activity, exercise and physical finess: definition and distinctions for health-relates research. **Public Health Reports**, v. 100, n. 2, p. 126-131, 1985.

CRUZ, L. S.; GUIMARÃES, L. S. Exercícios Terapêuticos: A cinesiologia como importante recurso de fisioterapia. **Revista Lato & Sensu,** Belém, v. 4, n. 1, p. 3-5, out. 2003.

GONÇALVES, G. A. C.; GONÇALVES, A. K.; JUNIOR, A. P. Desenvolvimento motor na teoria dos sistemas dinâmicos. **Revista Matriz**, v. 1 n. 1, jun. 1995.

KRISCHKE, A. M. A.; SOUZA, I. S. Dança Improvisação, Uma Relação a Ser Trilhada com o Lúdico. **Artigo Motricidade**, ano XVI, n. 23, p. 15-27, dez. 2004.

LEITE. F. H. C; Contato improvisação (Contact improvisation) um Diálogo em Dança. **Artigo Movimento**, Porto Alegre, v. 11, n. 2, p. 89-110, maio/ ago. 2005.

LOPES, C. H. C; GHIRITTO, F. M. S; MATSUDO, S. M.; ALMEIDA, V. S. Efeitos de um programa de 6 semanas de exercícios na bola suíça sobre a percepção da dor lombar em estudantes de educação física. **Revista brasileira de ciência e movimento**, Editora universa, São Paulo, v. 14, n. 4, p. 15-21, jun. 2006.

SANCHEZ, E.; MARQUES A. Origem e evolução da fisioterapia: aspectos históricos e legais. **Revista Brasileira da USP**, São Paulo v. 1, jul./dez. 1994.

STEFANELLO, T. D. Uso de shiatsu como recursos alternativos em pacientes lombalgicos. 2007. Disponível em: <https://www.toshiroms.com.br>.

VINHAS. C. Arte do contato-improvisação. **Revista Dança em revista**, São Paulo, ano 1, n. 2, jan. 2007.

## TESES, DISSERTAÇÕES E MONOGRAFIAS

CASSOL, R.; BERTONCELLO, I. **Análise ergonômica da Bola suíça em fisioterapia.** 2009. Monografia (Fisioterapia) – Faculdade de Assis Gurgacz/ FAG, Cascavel (PR), 2009.

CHADE, L. O. **Formação de Público para a Dança:** O Papel das companhias de Dança na Educação para a Cultura. Trabalho de Conclusão de Curso de Pós-graduação de Projetos Culturais e Organização de Eventos produzidos sob orientação da Profa. Dra. Soledad Galhardo. CELÁCC/ECA-USP, 2009.

D'AGOSTINI, A. **O jogo da capoeira no contexto antropológico e biomecânico**. 2004. Dissertação (Mestrado) – Pós-Graduação em Educação Física da Universidade Federal de Santa Catarina, Florianópolis, SC, 2004.

FERREIRA, E. A. G.; Marques, A. P. **Postura e controle postural**: desenvolvimento e aplicação de método quantitativo de avaliação postural. 2006. Tese (Doutorado) – Universidade de São Paulo, São Paulo, 2006.

FRIGERIO, Alejandro. **The Search for Africa:** Proustian Nostalgia in Afro-Brazilian Studies. 1989. Dissetação (Mestrado) – Universidade da Califórnia, Los Angeles, 1989.

KRISCHKE, A. M. A.; SOUZA, I. S. **Dança Improvisação, Uma Relação a Ser Trilhada com o Lúdico**. Anexo. Monografia defendida no curso de especialização em educação física escolar da CDS/UFSC. Florianópolis, 2004.

SANTOS, J. R. dos. **Yoga Educacional**: integração corpo e mente no processo de desenvolvimento da criança. Monografia defendida no curso de Educação Física da UFSC. Florianópolis, 2004.

WETLER, E. C. B. **Efeitos de um programa de ginástica postural sobre indivíduos com hérnia de disco lombar**. 2004. Dissertação (Mestrado) – Faculdade de Ciências da Saúde da Universidade de Brasília, Brasília, 2004.

## INTERNET

FOLHA de S. PAULO de 29/01/2000, **Caderno Acontece**, Especial: p. 4. Disponível em <http://www.videodança.wordpress.com/ideokinesiscontato-improvisacaodanca-contemporenea>. Acesso em: 27 de mar. 2011.

VALERIO, M. **Arte**. Net. Outubro de 2001. Disponível em <www.xr.pro. br/arte.html>. Acesso em: 09 maio 2011.